Biblioteca Austriaca

Colección fundada por
Juan Marcos de la Fuente

AF194353

Bocetos y metáforas
Temas de epistemología en Hayek

Agustina Borella

BOCETOS Y METÁFORAS

Temas de epistemología en Hayek

Prefacio de
Gabriel J. Zanotti

Unión Editorial
2024

© 2024 Agustina Borella
© 2024 UNIÓN EDITORIAL, S.A.
c/ Hilarión Eslava, 21 • local • 28015 Madrid
Tel.: 913 500 228
Correo: editorial@unioneditorial.net
www.unioneditorial.es

ISBN: 978-84-7209-927-2

Depósito legal: M. 11.311-2024

Artes de cubierta y textos por Ignacio P. Rico Guastavino
Compuesto e impreso por EL BUEY LIBERAL, S.L.

Printed in Spain • Impreso en España

Reservados todos los derechos. El contenido de esta obra está protegido por las leyes, que establecen penas de prisión y multas, además de las correspondientes indemnizaciones por daños y perjuicios, para quienes reprodujeran total o parcialmente el contenido de este libro por cualquier procedimiento electrónico o mecánico, incluso fotocopia, grabación magnética, óptica o informática, o cualquier sistema de almacenamiento de información o sistema de recuperación, sin permiso escrito de UNIÓN EDITORIAL, S.A.

Cualquier forma de reproducción, distribución, comunicación pública o transformación de esta obra solo puede ser realizada con la autorización de sus titulares, salvo excepción prevista por la ley. Diríjase a CEDRO (Centro Español de Derechos Reprográficos, www.cedro.org) si necesita fotocopiar o escanear algún fragmento de esta obra.

Índice

PREFACIO

1. Introducción

La Historia de la Epistemología de la Economía está llena de nombres ilustres, desde clásicos como Mill, Cairnes, Friedman, Machlup, Hutchison, Mises (por los apasionados debates sobre este último), hasta los contemporáneos Blaug, Boland, Caldwell, Hausman, Lawson y Mäki, y sólo para nombrar algunos de los más importantes. Pero todo ello sería tristemente incompleto si no se introdujera en la lista a F.A. von Hayek.

Estaba en plena vigencia el debate con Keynes cuando, en 1936, Hayek da una conferencia, aparentemente sin importancia al lado del debate referido, al *London Economic Club*[1]. En ella, como quien no quisiera la cosa, Hayek propone un ligero cambio de perspectiva. Los economistas estamos acostumbrados, dice, a partir del presupuesto de conocimiento perfecto. Ningún problema con ello, él sabía que era un modelo, nada más, ni nada menos. Pero, agrega: el verdadero problema económico consiste en la dispersión del conocimiento entre oferentes y demandantes. Por lo tanto, qué tal si partimos de allí y agregamos luego algunas

---

[1] El lector advertirá que no haremos citas en este prólogo: las tiene de sobra, y hechas con toda precisión, en los ensayos de este libro.

11

hipótesis auxiliares sobre cómo procesan los seres humanos el aprendizaje para que el conocimiento sea menos disperso.

Con lo cual, Hayek estaba haciendo dos cosas, ambas seminales, fundamentales. Una, estaba estableciendo las bases de la teoría del orden espontáneo y la respuesta básica post-Mises a los intentos de cálculo económico en el socialismo. Porque, si de debate con Keynes se trata, Hayek coincidía con Keynes en la ignorancia, más que en el conocimiento perfecto, de los agentes en el mercado. Pero, en vez de llamar a la planificación central de supuestos no ignorantes para la solución del problema («el» problema económico como vimos) Hayek sostiene que si a esa dispersión de conocimiento agregamos precios libres (Mises) y libertad de entrada al mercado, entonces el conocimiento tenderá a ser menos disperso, y esa tendencia a la menor dispersión, bajo esas condiciones, es el orden espontáneo del mercado.

Dos, Hayek reelabora el núcleo central de la Economía como ciencia. Así como Copérnico, con un simple cambio de lugar, la Tierra por el sol, transforma la astronomía de su tiempo, Hayek transformó la economía (como ciencia) del s. XX. Porque a partir de allí, todas las nuevas hipótesis *ad hoc* al modelo de equilibrio general (economía de la información, *experimental economics*, etc, modelos de competencia imperfecta, etc.) no han hecho más que correr detrás de Hayek, imperfectamente, porque lo coherente era cambiar sencillamente el punto de partida de la Economía, cosa que no se ha hecho, creemos, por los prejuicios ideológicos sobre la figura de Hayek.

A partir de allí, Hayek escribe tres ensayos cortos adicionales (*The Use of Knowledge in Society, The Meaning of Competition, Competition as a Discovery Procedure*) y tres largos ensayos (*Scientism and the Study of Society, Degrees of Explanation, The Theory of Complex Phenomena*) donde desarrolla todo un programa de investigación en Epistemología de la Economía que sigue girando sobre los fenómenos complejos en ciencias sociales, de igual manera que la Física y la Biología actual, con las teorías del Big Bang y Evolución, y sus discusiones, giran en torno a los fenómenos complejos en ciencias naturales.

Nunca serán suficientes los estudios que cubran la profundidad de los análisis de Hayek, sus implicaciones, sus detalles, sus diversas etapas de pensamiento. Se podría decir, parafraseando a Hayek, que el proceso académico tiende a ese ideal de perfección sin alcanzarlo nunca, claro está. Pues bien, el conjunto de ensayos de la Dra. Agustina Borella, que el lector tiene ahora a disposición, se encuentra claramente en ese proceso de acercamiento.

2. Los tres aportes más originales de Agustina Borella

Tres son las cuestiones más originales que quisiera destacar de sus aportes, difíciles de resumir aunque ella misma lo haga en su introducción.

2.1. El orden espontáneo como un modelo y el realismo

Los austríacos están acostumbrados a decir que los modelos de competencia perfecta son irrealistas, mientras que el mercado como proceso estudia al mercado «tal cual es». Pero Hayek nunca objetó al supuesto de conocimiento perfecto por ser no realista, sino por ser un mal planteo del problema económico: si oferentes y demandantes adecuaran perfectamente sus expectativas, ya no habría problema económico. Por ende, al modelo de competencia perfecta Hayek opone otra «modelo», que en *The Theory of Complex Phenomena* llama «*Pattern Prediction with Incomplete Data*», y que encaja -he aquí el aporte clave de la Dra. Borella- con lo que Mäki llama «modelo». Los modelos tienen, todos, la estructura «*if... then...*» aunque no usen matemáticas. En el caso del orden espontáneo, el modelo es «*if...* (aprendizaje, precios libres, libertad de entrada al mercado) *then....* (entonces), hay una tendencia hacia una mayor coordinación de conocimiento» (y esa es la «*pattern prediction*»). Los modelos no afirman la existencia fáctica de sus condiciones (en este caso, las tres referidas), pero ello no implica que la proposición condicional en cuestión sea falsa, y ese es el realismo de los modelos según Mäki y la selección relevante de las variables en cuestión, que por lo demás tiene todo que ver con los comentarios de Musgrave sobre el famoso artículo de Friedman y la relevancia o no de los supuestos de los modelos.

Sé que los economistas austríacos no están acostumbrados a estos planteos, y por eso este libro de Agustina Borella cubre esta indispensable actualización en temas epistemológicos.

2.2. El realismo de la epistemología de Hayek

En *Scientism and the Study of Society*, Hayek hace un claro «giro hermenéutico», para diferenciar las ciencias sociales de las naturales. Si bien esa diferencia se modera luego, a nivel de método, por su diálogo con Popper (cosa que se ve en sus ensayos posteriores *Degrees of Explanation* y *The Theory of Complex Phenomena)*, a nivel de objeto sigue manteniendo esa misma postura. A saber, como dijo tantas veces, que el objeto de las ciencias sociales son las ideas, los fines, de los agentes. Esto no fue fácil de entender para nadie, ni siquiera para los austríacos, que a nivel hermenéutico siempre tuvieron sus debates no precisamente solucionados. Agustina Borella soluciona la cuestión con una *intentio lectoris* donde hace pasar la hermenéutica de Hayek por la fenomenología de Husserl con una salida realista. La moneda (por ejemplo) no es, efectivamente, el oro o la plata desde un punto de vista químico, sino una determinada inter-acción (inter-subjetividad, mundo de la vida de Husserl) que consiste en demandar esa mercancía no para consumo directo sino para intercambiar por otras mercancías. Esas intersubjetividades, definidas así, teoréticamente, son el objeto de la ciencia económica. No son construcciones arbitrarias del investigador o de los agentes estudiados, como supondría una interpretación posmoderna de la hermenéutica, sino que «están dadas realmente» en cada una de las situaciones históricas concretas donde haya moneda (y capital, precios, ahorro y así sucesivamente), a partir de las cuales se puede hacer según Husserl un noema universal (el significado de cada intersubjetividad en sí misma).

De vuelta, aunque los economistas austríacos no estén habituados a estos planteos, los interminables debates sobre lo subjetivo u objetivo en economía quedan aquí encaminados bajo la intersubjetividad de Husserl, con lo cual la teoría subjetiva del valor adquiere un status epistemológico que no es posmoderno ni relativista ni idealista, pero tampoco objetivo en el sentido de «*facts*». Y eso es lo que nos permite pasar al tercer punto.

2.3. Hayek y el positivismo

Aunque las críticas al positivismo, por parte de Hayek, fueron muy claras en sus críticas al «*scientism*», aun así hubo autores (Lawson por ejemplo) que no dejaron de ver cierto positivismo en sus escritos por un fundamento inadecuado de la ontología de los órdenes espontáneos, crítica que también se da en algunos tomistas (R. Crespo).

Pero Hayek es claramente anti-positivista en cuanto al método por su lectura de Popper. Lo cual implica, claro, una lectura NO positivista de Popper, donde el método hipotético deductivo está abierto a conjeturas en ciencias sociales totalmente compatibles con las ideas y los fines de los que habla Hayek, y un modo de derivación de consecuencias precisamente hermenéutico, no cuantitativo, donde hay una «ponderación» de la relación entre teoría e historia (con el famoso «círculo hermenéutico» correspondiente entre teoría e historia). Por lo demás, en cuanto al objeto, la nueva lectura de la ontología de los órdenes espontáneos, propuesta por la Dra. Borella, da un paso adelante decisivo en tanto al anti-positivismo de Hayek. Decimos «de Hayek», porque la lectura de Agustina Borella no violenta los textos de Hayek (esto es, no es una «decodificación aberrante», en términos de Eco) sino que lee en ellos los caminos que dejaron abiertos de manera plausible y según «el espíritu del autor».

3. Conclusión

La epistemología de la Escuela Austriaca tiene una paradoja. Por un lado es vista como algo muy difícil, encerrada en debates estériles e inconducentes, entre sus adherentes y los no austríacos. Pero, por el otro, si hay algo que la Escuela Austriaca puede proporcionar hoy a la Economía, como lo más original, son los fundamentos filosóficos de la acción humana (a lo cual también contribuye un ensayo específico de este libro). Para ello, la clarificación y profundización de la epistemología de Hayek es indispensable, y por ello la importancia de este libro, que esperemos sea pronto traducido al inglés alcanzando con ello la visibilidad que merece en el mundo anglosajón, del cual provienen la mayoría de epistemólogos de la economía citados por la Dra. Borella, bastante desconocidos en el ámbito hispanoparlante.

El lector tiene por ende, en sus manos, un significativo avance en un tema fundamental a pesar de las apariencias en contra: la filosofía de las ciencias, la epistemología de las ciencias sociales y la epistemología de la Escuela Austríaca en particular.

Gabriel J. Zanotti
Buenos Aires, abril de 2023.

INTRODUCCIÓN

El título y el contenido de esta obra parecen llevar en sí, ideas que habitualmente se entienden como contrapuestas: modelos (como bocetos, metáforas...) y el pensamiento de F.A. Hayek. A lo largo del texto examinaremos esta idea mostrando que la común contraposición no es tal, si se consideran especialmente las contribuciones de Friedman (1953), Musgrave (1981) y Mäki (2009, entre otros). ¿Por qué trataremos este tema? ¿Qué sentido tiene estudiar una cuestión en la que parece «claramente» que las posiciones están totalmente desencontradas?

Hay al menos dos motivos por los cuales recorrer este camino es relevante. Por un lado, el desarrollo de las ideas en la historia puede hacerse posible en el marco de un espíritu dialógico, de una razón dialógica, propia del Racionalismo Crítico de Karl Popper. En este sentido, quien esté interesado en el aumento del conocimiento y en la posibilidad de conocer con verdad algo de lo real ha de estar abierto a la discusión racional con un otro radicalmente otro, tal como enseñó Sócrates. Si bien no puede ignorarse la dificultad que este modo de vivir la «vida intelectual» conlleva, es ese espíritu el que conduce a un conocimiento más profundo y a una posible mayor aproximación a entender algo de este mundo. Por otro lado, y ya pensando en la Escuela Austriaca en particular, este trabajo es de algún modo, un intento que permitiría acercar más a la Escuela Austriaca a la academia y a las discusiones que en ella se llevan adelante y mostrar que no está aislada o separada del mundo académico corriente, sino que trata y tiene mucho que decir sobre cuestiones en las que la vida académica parece haberla dejado afuera.

Este recorrido es un intento de nuestra parte de mostrar un acercamiento de la Escuela Austriaca y en particular de Hayek a la discusión sobre los modelos en economía y la consideración de los fundamentos filosóficos sobre la que se fundaría en este marco «el modelo austríaco».

Si bien este texto refiere a temas de epistemología y en particular de epistemología de la economía en Hayek, es preciso recordar que más allá de las contribuciones más conocidas de este autor al ámbito de la economía, de las ciencias sociales en general y a la filosofía política, las preocupaciones en torno a la ciencias en general y en particular en torno a las ciencias naturales, lo acompañaron toda su vida. Es en ese ámbito también en el que pueden hallarse aportes significativos que expresan estos intereses muchas veces poco conocidos. Un caso de estas preocupaciones es su obra de 1952, «El Orden Sensorial», y aquellos textos anteriores acerca de cuestiones de neuropsicología que condujeron al autor finalmente a la publicación del ´52.[2] Es importante mencionar aquí que las cuestiones que aborda Hayek en esa ocasión y que a simple vista parecen ajenas a sus aportes en economía y filosofía política, son del todo compatibles con los supuestos filosóficos subyacentes al orden espontáneo. No es objeto de este trabajo argumentar sobre este punto, pero queremos con esto señalar la profundidad y riqueza del pensamiento de Hayek que se ha manifestado de diverso modo o con diversas «caras», algunas más conocidas que otras, pero que se unen en el despliegue y la maduración del desarrollo de sus ideas a lo largo de su vida. Nuestro texto entonces, intentar abordar cuestiones que remiten a una de esas «caras» del autor, la epistemología y en especial la epistemología de la economía.

---

[2] Véase nuestra Adenda a Hayek, (1952). *El Orden Sensorial*, 4.ª ed., Unión Editorial, Madrid 2022.

Conforme a la naturaleza humana y su deseo de conocer y comprender lo real, la filosofía y la ciencia se presentan como intentos humanos, y en tal sentido, limitados y finitos, para alcanzarlo. Los temas aquí abordados se encuadran en la filosofía de la ciencia y en particular en la epistemología de la economía en el pensamiento de F.A. Hayek. En el contexto de la discusión Realismo-Instrumentalismo de la filosofía de la ciencia, –esto es, si las teorías en ciencia tienen o no un compromiso con la verdad–, se ubica el debate sobre el realismo de los modelos económicos de la epistemología de la economía. En la abundante literatura sobre esta discusión y sobre la noción de modelo encontramos la idea de Cartwright (1997, 1999) de los modelos como bocetos: intentos inacabados, incompletos, distorsionados, de acceder a algo sobre la realidad. Asimismo, la noción de modelos como metáforas (Black, 1962) que capturan con verdad algo de lo real: un mensaje, un mecanismo, una causa y que nos permiten acercarnos en el caso de la economía al mundo social.

Ni un boceto ni una metáfora describen detalladamente la realidad. Son construcciones mentales, simplificadas, en algún sentido, esquemáticas, que capturan elementos centrales, que subyacen a un mundo fundamentalmente abierto y complejo. Los modelos como bocetos y metáforas nos recuerdan no solo la complejidad y riqueza de la realidad, sino también las limitaciones que tenemos los hombres para acceder a ella. En este contexto, se ubican los temas de epistemología de la economía en Hayek que tratamos en este libro.

Distinguiremos 6 capítulos. El primero: «Friedman, versión MISS de los modelos y Escuela Austriaca»; el segundo: «Hayek: desde la fenomenología realista»; el tercero: «Más allá del Positivismo: Hayek desde Lawson»; el cuarto: «El fundamento filosófico del modelo en Hayek»; el quinto: «*Pattern predictions* como modelos» y el sexto: «Consideraciones finales».

En el capítulo 1: «Friedman, versión MISS de los modelos y Escuela Austriaca» mostramos por qué la contraposición entre los modelos neoclásicos entendidos como irrealistas y la teoría del proceso de mercado como más realista, es falsa. Recordaremos también que Hayek no sostuvo el irrealismo del modelo de competencia perfecta sino que estaba mal planteado. Tomaremos elementos de Hayek (1937, 1945, 1946), de Friedman (1953) (F53), de Machlup (1954) y de Kirzner (1973) para expresar los supuestos del «modelo austríaco», que harían posible la tendencia del mercado a una mayor coordinación. Consideraremos la versión *MISS* de los modelos –*Models as Isolations and credible Surrogate Systems*– de Mäki (2008, 2009), la idea de Friedman de que los modelos no deben juzgarse por el realismo de sus supuestos y la de Musgrave (1981) que los supuestos tienen distintas funciones. La idea de que el modelo de competencia perfecta estaba mal planteado tiene que ver con que el conocimiento perfecto de tal modelo es totalmente distinto al núcleo central de la propuesta de Hayek, el conocimiento disperso. Se introducen los supuestos de la teoría de mercado como proceso y se expresa la construcción mental en términos de «*If…, then…*». «*Si* tales supuestos, *entonces* el mercado tiende a una mayor coordinación».

Mostramos cómo considerando F53, el aporte de Musgrave (1981) sobre los supuestos irrealistas de la teoría económica y la defensa del Realismo de los modelos económicos, en el marco de la versión MISS de los mismos, es posible entonces pensar en «el» modelo de la Escuela Austriaca, abriendo a la discusión sobre el Realismo de los modelos. Señalaremos la importancia de los fundamentos ontológicos en la evaluación de los modelos y en particular en la consideración de su realismo.

En el capítulo 2: «Hayek: desde la fenomenología realista» ofreceremos una interpretación diversa al habitual trasfondo kantiano de este autor: una lectura realista de la fenomenología de Husserl. Para esto, distinguiremos dos partes en este capítulo: 1) sus ideas epistemológicas centrales y 2) su fenomenología realista. En la primera parte, trataremos:

a) el problema del conocimiento, b) el objeto de las ciencias sociales, c) el método y d) el orden espontáneo. Estos temas analizados en este capítulo, en algún sentido, atraviesan todo el libro. Describiremos aquí al conocimiento tal como lo entiende Hayek, explicaremos el problema del conocimiento y nos referiremos, en relación a esto, al problema de la economía como ciencia social. Abordaremos la cuestión acerca de cuál es el objeto de las ciencias sociales, punto que resultará de especial importancia para la posterior lectura fenomenológica realista. La presentación del método en este autor nos permitirá advertir el cambio y la transformación en el desarrollo de su pensamiento a lo largo de su vida. En el despliegue de su posición metodológica advertiremos las distintas influencias recibidas por Hayek. Plantearemos también el tema del orden espontáneo fundado en las limitaciones del conocimiento. Señalaremos sus antecedentes filosóficos, distinguiremos el orden creado del espontáneo y nos referiremos a las disposiciones innatas al aprendizaje.

Para la lectura de Hayek desde una interpretación realista de la fenomenología de Husserl, reconstruiremos la intersubjetividad husserliana desde su noción de mundo de la vida. Tomaremos la intersubjetividad como ontología del mundo social, la historicidad de los horizontes, la intersubjetividad como hermenéutica realista, la superación de la dicotomía sujeto-objeto y la renovación de los sentidos de teoría y esencia de los fenómenos sociales. Recorreremos estos puntos para mostrar que la interpretación realista fenomenológica de Hayek fortificaría su epistemología.

En el capítulo 3: «Más allá del Positivismo: Hayek desde Lawson» abordaremos la crítica de Lawson (1994, 1995) a Hayek de no haber trascendido el Positivismo, al menos hasta 1955. Esta crítica implica atribuirle a Hayek un compromiso con el Realismo Empírico, con una ontología de sistemas cerrados. Esto es, con la idea de que el mundo social es un conjunto de átomos aislados. Si bien la lectura de Lawson es posible, nosotros sostendremos en contraposición, no sólo una interpretación realista fenomenológica de Hayek, siguiendo lo planteado en el capítulo 2, sino que él sostuvo siempre, no solo a partir de 1955, un Individualismo Metodológico Moderado. Distinguiremos tres partes: a) sobre Hayek, b) Hayek desde Lawson, y c) nuestra interpretación. En torno a la parte a) trataremos el problema metodológico refiriéndonos al problema del conocimiento, al objeto de las ciencias sociales y al método; y también el problema ontológico abordando el tema del orden espontáneo, el Positivismo y el Individualismo. En la parte b) Hayek desde Lawson: consideraremos el anti-naturalismo y la hermenéutica de Hayek en ciencias sociales, y trataremos acerca de las relaciones, las reglas y su vínculo con la ontología. En cuanto a la parte c) nuestra interpretación: retomaremos las razones para sostener una posición diferente en relación al Positivismo atribuido por Lawson a Hayek. Mostraremos que, desde una interpretación realista de la fenomenología de Husserl, su Individualismo no conduce con necesidad a una ontología de sistemas cerrados o positivista.

En el capítulo 4: «El fundamento filosófico del modelo en Hayek» presentaremos los supuestos del orden espontáneo, enmarcando la expresión de la teoría de mercado como proceso en términos de la formulación «*iffy*». «*If* tales supuestos, *then* tal cosa». Pero si el orden espontáneo puede ser entendido como el modelo de la Escuela Austriaca, esta Escuela se ve expuesta a la principal cuestión sobre el debate acerca del Realismo de los modelos económicos, y es qué tan realistas son los supuestos. En este caso, precios, libre entrada al mercado y tendencia al aprendizaje.

En cuanto al fundamento filosófico del orden espontáneo, nos referiremos a la Escuela Escocesa y su noción de hombre, y a Kant, Popper y Wittgenstein. Abordaremos los aportes de Musgrave en torno a la discusión sobre el realismo de los supuestos de la teoría económica iniciada con F53, Musgrave y la versión MISS de los modelos de U. Mäki, en el marco del Realismo Posible, es posible leer a Hayek en el cuadro del debate sobre el Realismo de los modelos. A partir de lo hasta aquí señalado, nos detendremos en el compromiso ontológico de este autor comparándolo con el compromiso de Mäki y Lawson, ubicándolo a Hayek en una posición intermedia.

En el capítulo 5: «*Pattern predictions* como modelos», asumiendo lo tratado en capítulos anteriores y recordando que la evaluación del Realismo de los modelos está vinculada a si captura con verdad algún sector de lo real y cuáles son los fundamentos filosóficos sobre los que se elaboran esas construcciones, plantearemos la posibilidad de leer o entender a las *pattern predictions* de Hayek (1964) como modelos. Entre aquellas características o aspectos que permiten esto, destacaremos: la captación de regularidades y la expresión de tales regularidades; el alcance de las *pattern predictions* y de los modelos; la identificación de rasgos similares; la consideración de los modelos y las *pattern predictions* como herramientas y su falsabilidad; la predicción en ciencias sociales y ciencias de los fenómenos complejos; la estructura «*iffy*», los supuestos y el aislamiento; la cláusula *ceteris paribus*; las leyes y los fenómenos. Para esto tendremos en cuenta elementos del pensamiento de, además del mismo Hayek, Friedman, Musgrave, Popper, Lawson, Mäki y Cartwright (1983). En el capítulo 6 «Consideraciones finales» reunimos algunas de las ideas centrales de este recorrido.

De este modo, no sólo la lectura del orden espontáneo como modelo de la Escuela Austriaca –expresado en términos metodológicos como la teoría del mercado como proceso– acerca a esta Escuela a la discusión sobre el Realismo de los modelos económicos, sino también la lectura de las *pattern predictions* como modelos parece mostrarla de otro modo como posible participante en el debate sobre el Realismo de las construcciones teóricas en economía, sin siquiera haberlo advertido.

Referencias

BLACK, M. (1962). *Models as Metaphors*. Nueva York: Cornell University Press.

BORELLA, A. (2022). Adenda a *El Orden Sensorial* de Hayek. Madrid: Unión Editorial.

CARTWRIGHT, N. (1983). *How the laws of physics lie*. Nueva York: Oxford University Press.

— (1997). Models: the blueprint for laws. *Philosophy of Science*, 64, pp. 292-303.

— (1999). *The dappled world. A study of the boundaries of science*. Nueva York: Cambridge University Press.

FRIEDMAN, M. (1953 [1967]). La metodología de la Economía positiva. En *Ensayos sobre economía positiva* (pp. 9-44). Trad. de Raimundo Ortega Fernández. Madrid: Gredos.

HAYEK, F.A. (1937 [1948]). Economics and Knowledge. En *Individualism and Economic Order* (pp. 33-56). Chicago: The University of Chicago Press.

— (1945 [1948]). The use of knowledge in society. En *Individualism and Economic Order* (pp. 57-76). Chicago: The University of Chicago Press.

— (1946 [1948]). The meaning of competition. En *Individualism and Economic Order* (pp. 92-106). Chicago: The University of Chicago Press.

— (1964 [1967]). The theory of complex phenomena. En *Studies in Philosophy, Politics and Economics* (pp. 22-44). Chicago: The University of Chicago Press.

LAWSON, T. (1994). Realism and Hayek: a case of continuing transformation. En M. Colonna, H. Hagemann y O.F. Hamouda. (eds.), *Capitalism, Socialism and Knowledge* (pp. 130-159). Aldershot: Edward Elgar.

— (1995). Hayek and Keynes: a commonality. *History of Economics Review*, Issue 25, pp. 96-114.

MACHLUP, F. (1954 [2004]). El problema de la verificación en economía, trad. Nicolás Maloberti, *Libertas*, 21, (40), pp. 1-22. Online.

Mäki, U. (2008). Realism from the 'lands of kaleva': an interview with Uskali Mäki. *Erasmus Journal for Philosophy and Economics,* vol. 1, Issue 1, pp. 124-146.

— (2009). MISSing the world: Models as Isolations and credible Surrogate Systems. *Erkenntnis,* 70 (1), pp. 29-43.

Musgrave, A. (1981). 'Unreal assumptions' in economic theory: the F-twist untwisted. *Kyklos,* 34 (3), pp. 377-387.

Capítulo 1
Friedman, versión MISS
de los modelos y Escuela Austriaca

El punto de partida de este capítulo es la contraposición entre los modelos neoclásicos, entendidos como irrealistas, y la teoría del proceso de mercado de la Escuela Austriaca, considerada más realista. Sin embargo, esta frecuente contraposición es falsa. Por un lado, Hayek no sostuvo el irrealismo de la teoría neoclásica, sino que su propuesta estaba mal planteada. Por otro lado, si tomamos los aportes de Friedman en 1953 al debate acerca del realismo de los supuestos de la teoría económica y la versión *MISS* de los modelos de Mäki (2009a) (*Models as Isolations and credible Surrogate Systems*), es posible entender al orden espontáneo como el modelo de la Escuela Austriaca. Mostraremos así, que esta teoría no está tan lejos del debate sobre el realismo de los modelos en economía.[3]

1. Consideraciones introductorias

Comenzaremos señalando algunos elementos de distintos autores que tendremos en cuenta, entre ellos: Hayek, Friedman, Machlup y Kirzner.

De Hayek, tomaremos la idea de la economía como ciencia empírica, a través de la introducción de la hipótesis auxi-

---

[3] Hemos introducido este tema en Zanotti y Borella (2015).

liar: la capacidad de aprendizaje (Hayek, 1937); los precios como síntesis del conocimiento disperso (Hayek, 1945) y la propiedad privada de los medios de producción como libre entrada al mercado (Hayek, 1946). De Friedman (1953) destacaremos su instrumentalismo. Las teorías entendidas como herramientas de predicción, que deben ser juzgadas, no por el realismo de sus supuestos, sino por la conformidad entre las predicciones y la evidencia empírica.

En cuanto a Machlup (1954) y su contribución a la discusión entre aprioristas extremos y ultraempiristas, recordaremos la distinción entre hipótesis de diferentes niveles de generalidad y de testeabilidad.

De Kirzner (1973) tomaremos su *alertness*, la capacidad de estar alerta a las oportunidades de ganancia en el mercado, uniendo la empresarialidad en Mises y la capacidad de aprendizaje en Hayek.

2. Mäki y la versión MISS de los modelos

– Friedman (1953) (F53) como realista

Mäki (2009b, 2009c) ofrece una lectura realista de F53 en contraposición a la interpretación habitual como instrumentalista. En este artículo Friedman se refiere a la economía como ciencia positiva capaz de ofrecer predicciones válidas y con sentido. Sostiene que una hipótesis es importante si explica mucho por poco, si abstrae los elementos comunes y cruciales de una realidad compleja. Señala que los supuestos de una teoría no son nunca descriptivamente detallados y en tal sentido un realismo completo es inalcanzable. Mäki siguiendo a F53 en su idea de que la teoría no debe juzgarse por el realismo de sus supuestos, y teniendo especialmente en cuenta a Musgrave (1981) y la aserción de que los supuestos desempeñan distintas funciones, agrega que los supuestos que idealizan son falsedades estratégicas indispensables, cuya función es ayudar al aislamiento del único mecanismo relevante (Mäki, 2008, p. 131, 2009b, pp. 16-17, 2009c, p. 63, 2009d, p. 5)

– Los modelos como sistemas subrogados y representaciones
Los modelos como sistemas subrogados representan al sistema objetivo o mundo real subrogante. Son mundos de juguete, mundos pequeños, imaginados, que sirven de puentes hacia el mundo (Mäki, 2009d, p. 12). Son simplificaciones que se construyen para acceder a algo de un mundo complejo. Se trata de construcciones mentales creíbles (Sugden, 2000 y 2008)

Los modelos tienen dos aspectos: de semejanza y de representación (Mäki, 2006, pp. 9-10, 2009a, pp. 5-8, 2009d, pp. 9-11, 2010, pp. 178-181). Sobre el primero: la semejanza no es correspondencia detallada. Sólo se requiere que surjan cuestiones de semejanza (Mäki, 2008). Los grados y respectos en los que la semejanza debe ser buscada los establece el comentario. Aunque en este punto hay restricciones no sólo pragmáticas sino también ontológicas, restricciones www (*"the way the world works*) (Mäki, 2001). El aspecto representativo refiere al modelo como subrogado y en tal sentido, vehículo, que incluye idealizaciones, simplificaciones, exageraciones, omisiones, para acceder a un mundo social complejo.

– Nancy Cartwright y las condiciones ideales
Uskali Mäki (2009d, pp. 17-18) refiere a Cartwright (1983) en el que señala que las leyes de la física se dan en condiciones de laboratorio, en condiciones ideales, pero no en la realidad compleja. Análogamente, a lo que ocurre en ciencias naturales, Mäki se refiere a la cláusula *ceteris paribus*, que permite seleccionar lo relevante de un mundo complejo. Los modelos se presentan en este autor como experimentos de pensamiento (Mäki, 2005).

– Aislamiento del mecanismo relevante
La consideración MISS de los modelos, los modelos como

aislamientos y sistemas subrogados creíbles, es fundamental para el Realismo Posible de los modelos económicos. Esto es, que los modelos pueden ser verdaderos. Los modelos formados por supuestos que idealizan, y, que son por ende a sabiendas, falsos pueden ser verdaderos. Tales supuestos cumplen la función de aislar el único mecanismo relevante y si ese mecanismo en el modelo está presente en el mundo o es suficientemente similar a aquel operante en el mundo, entonces el mecanismo como portador de verdad, es verdadero, y hay verdad en el modelo. Si hay verdad en el modelo, el modelo es verdadero (Mäki, 2008, p. 140, 2009d, p. 23, 2010, p. 181)

3. «*If…, then…*» y el realismo de los supuestos

Consideramos como punto de partida de este capítulo el irrealismo de los modelos de competencia perfecta, aunque recordamos que lo que Hayek (1937) había señalado era más bien, que estaba mal planteado. En el marco de lo recientemente explicitado, esa crítica no sería correcta, de acuerdo a:

a. la lectura instrumentalista de F53
b. la versión MISS de los modelos
c. la crítica de Hayek al modelo de competencia perfecta no fue de irrealismo, sino que estaba mal planteado.

a. Desde la lectura instrumentalista de F53, la crítica de irrealismo sería externa, puesto que, frente a esta, la respuesta sencillamente podría ser «pero predice bien».[4]
b. Desde la versión MISS de los modelos: el modelo de competencia perfecta intentó aislar el único mecanismo

---

[4] Nótese que esta respuesta es viable si el fin de la ciencia es sólo la predicción y no incluye la explicación. Sobre esto, véase Caldwell (1980, 1992).

relevante de un mundo complejo: la racionalidad del agente «*as if*» eso fuese verdadero.

c. La crítica de Hayek al modelo de competencia perfecta por estar mal planteado se funda en que ese modelo no propone como núcleo central de la economía al conocimiento disperso. Hayek sostiene al conocimiento disperso como núcleo central de la economía y la tendencia al aprendizaje como hipótesis auxiliar.

Los supuestos de la teoría del proceso de mercado como modelo son las condiciones bajo las que el mercado tiende a una mayor coordinación.
Ellas son:

a. precios: como síntesis de conocimiento disperso.
b. propiedad como libre entrada al mercado.
c. *alertness* empresarial (Kirzner, 1992, p. 44).

Esto es, el mercado tiende a una mayor coordinación «como si» se dieran estos supuestos. O bien, «si» se dan estos supuestos, «entonces» el mercado tiende a una mayor coordinación. En esta estructura puede plantearse la pregunta acerca de qué tan realistas son esos supuestos.

Ahora bien, con F53 los modelos no han de juzgarse por el realismo de sus supuestos, puesto que no son nunca realistas. Según Musgrave (1981), los supuestos cumplen distintas funciones y deben juzgarse por eso. Mäki señala que la función de los supuestos, que son falsos a sabiendas, es ayudar al aislamiento. Conforme a la estructura «*Si* se dan los supuestos: precios, libre entrada al mercado, y *alertness*, *entonces* el mercado tiende a una mayor coordinación», no es falso que «*si* p, *entonces* q».

4. Supuestos ontológicos y realismo

Las teorías ya no se juzgan por el realismo de sus supuestos, sino que la verdad de los modelos depende de la relevancia filosófica de los supuestos ontológicos.

Entre las teorías filosóficas subyacentes a la teoría de mercado como proceso, el conocimiento disperso supone el orden sensorial, la coordinación espontánea de la Escuela Escocesa, el neokantismo en la praxeología de Mises (1949), y el *neoaristotelismo* de Rothbard (1976). En este marco, los precios tienen el rol de coordinar el conocimiento disperso si no son alterados por órdenes gubernamentales. La propiedad privada implica libertad de entrada si no hay intervenciones estatales. Al conocimiento disperso se agrega la hipótesis auxiliar: mercado abierto, y en este contexto, los precios comunican conocimiento y la propiedad cumple su rol. El «modelo austríaco», en tanto modelo, es universal e independiente de las condiciones concretas de su aplicación.

5. Condiciones de aplicación

Si consideramos la estructura lógica que según Popper subyace a la explicación y la predicción: leyes universales y condiciones iniciales de las que se infiere una conclusión: la predicción o el acontecimiento a explicar, y en sentido análogo tomamos el aparato analítico propuesto por Machlup (1954), es posible referirse a las condiciones de aplicación del modelo.

En Machlup, a partir de los supuestos fundamentales y las condiciones asumidas se infiere el efecto deducido. En este esquema, los supuestos fundamentales refieren a la estructura «*if…, then…*». Esto es, «*si* a + b + c: precios + propiedad privada + aprendizaje, *entonces* el mercado tiende a una mayor coordinación». La condición asumida es el mercado abierto.

Conclusión

Conforme al recorrido realizado hemos mostrado que no hay por qué contraponer los modelos neoclásicos a la teoría del proceso de mercado, dado que esta última puede ser entendida como un modelo y en ese sentido participar de la discusión sobre el realismo de los modelos. La diferencia reside en considerar al conocimiento disperso como núcleo central y el «mayor realismo» en los supuestos filosóficos detrás de la acción humana intencional y falible.

Referencias

CALDWELL, B. (1980). A critique of Friedman's methodological instrumentalism. *Southern Economic Journal*, vol. 42, n.°2, pp. 366-374.

— (1992). Friedman's predictivist instrumentalism –a modification. *Research in the History of Economic Thought and Methodology*, vol. 10, pp. 119-128.

CARTWRIGHT, N. (1983). *How the laws of physics lie*. Nueva York: Oxford University Press.

FRIEDMAN, M. (1953 [1967]). LA METODOLOGÍA DE LA ECONOMÍA positiva. En *Ensayos sobre economía positiva* (pp. 9-44). Trad. de Raimundo Ortega Fernández. Madrid: Gredos.

HAYEK, F.A. (1937 [1948]). Economics and Knowledge. En *Individualism and Economic Order* (pp. 33-56). Chicago: The University of Chicago Press.

— (1945 [1948]). The use of knowledge in society. En *Individualism and Economic Order* (pp. 57-76). Chicago: The University of Chicago Press.

— (1946 [1948]). The meaning of competition. En *Individualism and Economic Order* (pp. 92-106). Chicago: The University of Chicago Press.

KIRZNER, I. (1973 [1988]). *Competencia y función empresarial*. Madrid: Unión Editorial.

— (1992). *The Meaning of Market Process.* Londres: Routledge.

MACHLUP, F. (1954 [2004]). El problema de la verificación en economía, trad. Nicolás Maloberti. *Libertas*, 21, (40), pp. 1-22. Online.

MÄKI, U. (2001). The way the world works (www): towards an ontology of theory choice. En Mäki, U. (ed.), *The Economic World View*. Reino Unido: Cambridge University Press.

— (2005). Models are experiments. Experiments are models. *Journal of Economic Methodology*, vol. 12, (2), pp. 303-315.

— (2006). Remarks on models and their truth. *Storia del Pensiero Economico,* 3 (1), pp. 7-19.

— (2008). Realism from the 'lands of kaleva': an interview with Uskali Mäki. *Erasmus Journal for Philosophy and Economics,* vol. 1, Issue 1, pp. 124-146. <http://ejpe.org/pdf/1-1-int.pdf>.

— (2009a). MISSing the world: Models as Isolations and credible Surrogate Systems. *Erkenntnis*, 70 (1), pp. 29-43.

— (2009b). Unrealistic assumptions and unnecessary confusions: rereading and rewriting F53 as a realist statement. En U. Mäki (ed.), *The Methodology of Positive Economics. Reflections on the Milton Friedman Legacy* (pp. 90-116). Cambridge: Cambridge University Press.

— (2009c). Reading *the* methodological essay in twentieth century Economics: map of multiple perspectives. En U. Mäki (ed.), *The Methodology of Positive Economics. Reflections on the Milton Friedman Legacy* (pp. 47- 67). Cambridge: Cambridge University Press.

— (2009d). Realistic realism about unrealistic models. En H. Kincaid y D. Ross (eds.). *The Oxford Handbook of Philosophy of Economics* (pp. 68-98). Nueva York: Oxford University Press.

— (2010). Models and truth: the functional decomposition approach. En M. Suárez, M. Donato y M. Rédei, *EPSA*

Epistemology and methodology of science: launch of the European Philosophy of Science Association (pp. 177-187). Dordrecht: Springer.

MISES, L. (1949 [1968]). *La Acción Humana.* Madrid: Sopec.

MUSGRAVE, A. (1981). 'Unreal assumptions' in economic theory: the F-twist untwisted. *Kyklos,* 34 (3), pp. 377-387.

ROTHBARD, M. (1976). Praxeology: the method of Austrian Economics. En E. Dolan (ed.), *The Foundations of Modern Austrian Economics* (pp. 19-39). Kansas City: Sheed Andrews and McMeel.

SUGDEN, R. (2000). Credible worlds: the status of theoretical models in economics. *Journal of Economic Methodology,* 7, pp. 1-31.

— (2008). Credible worlds, capacities and mechanisms. *Erkenntnis,* vol. 30, n.°n.°n.°1, pp. 3-27.

ZANOTTI, G. J. y BORELLA, A. (2015). Modelos y Escuela Austriaca: una fusión entre Friedman y la Escuela Austriaca pasando por Mäki. *Filosofía de la economía,* 4, pp. 69-85. Reimpreso en Cole, Julio H. (ed.), (2019). *A Companion to Milton Friedman* (pp. 73-89). Guatemala: Universidad Francisco Marroquín.

CAPÍTULO 2
Hayek: desde la fenomenología realista

Introducción

Si bien el trasfondo filosófico de nuestro autor es Kant, mostraremos aquí que una interpretación desde una lectura realista de la fenomenología de Husserl es compatible con el pensamiento de Hayek.[5]

Para comenzar presentaremos las ideas epistemológicas más importantes en este autor.

a. El problema del conocimiento
b. El objeto de las ciencias sociales
c. El método
d. El orden espontáneo

Luego, introduciremos la propuesta de una fenomenología realista en Hayek.

---

[5] Hemos desarrollado esto en detalle en Borella, (2018), siguiendo a Zanotti, (2003, 2005, 2007, 2011). Sobre una interpretación realista de la fenomenología de Husserl, véase: Leocata, (2003) y Stein (1994).

1. Ideas epistemológicas importantes

b. El problema del conocimiento

El conocimiento en este autor es limitado, fragmentado y disperso entre miles de personas. Nunca poseemos de forma concentrada el conocimiento. Se trata de conocimiento desorganizado, de circunstancias de espacio y tiempo. Cada uno posee cierta ventaja sobre los otros dado el carácter «único» del conocimiento que poseemos (Hayek, 1942-44, p. 92, 1945, pp. 78-79, 1973, pp. 29-30).

La división del conocimiento es el problema central de la economía como ciencia social (Hayek, 1937, p. 50). Esta división se funda en la limitación del conocimiento que en Hayek tiene trasfondo kantiano, aunque es posible apoyarla en una gnoseología realista. La limitación del conocimiento es la premisa fundante del orden espontáneo en este autor (Zanotti, 1993, p. 48).

c. El objeto de las ciencias sociales

En ciencias sociales no hay hechos ni datos dados al economista, al menos no en el sentido del objeto de las ciencias naturales (Hayek, 1994, p. 147).

El objeto de las ciencias sociales no se define por sus propiedades físicas, sino que son definidos por los propósitos, los fines, las intenciones, las visiones de los agentes que interactúan (Hayek, 1942-44, p. 44, p. 53, p. 57, 1943, pp. 59-60).

d. El método

En cuanto a su propuesta metodológica Hayek mantuvo una posición diferente a lo largo de su vida. Hacia 1942 este autor sostuvo un dualismo metodológico moderado en el que propuso el método inductivo para las ciencias naturales y el método hipotético deductivo para las ciencias sociales (Hayek, 1942-44).

Pero en 1955, con la influencia de Popper, su pensamiento se desplaza hacia un monismo metodológico en el que sostiene el método hipotético deductivo para todas las ciencias (Hayek, 1955, p. 4).

Esta modificación en su posición en cuanto al método ha sido leída de distintas maneras. Hutchison (1981) ha distinguido 2 Hayek: uno, el de 1942-44 más influenciado por Mises y Wieser; y otro, el de 1955 más influenciado por Popper, y ha expresado que lo que ocurrió en cuanto a la posición metodológica de Hayek, a su criterio, consistió en un giro total de su pensamiento. Caldwell (1888, 1992), por su parte, ha mantenido que el pensamiento de Hayek ha sido un continuo en transformación. En esta segunda posición nos ubicamos nosotros (Zanotti, 2013).

En 1964 Hayek divide a las ciencias en ciencias de los fenómenos simples y ciencias de los fenómenos complejos. El orden espontáneo es típico de los fenómenos complejos, que no se reducen a las ciencias sociales.

e.   El orden espontáneo

El orden espontáneo se funda, como hemos señalado, en las limitaciones del conocimiento. Su antecedente filosófico es la Escuela Escocesa de Hume, Smith y Ferguson (Gallo, 1987).

Recordemos cuál es la noción de orden en Hayek:

> Denominaremos <orden> *a un estado de cosas en el cual una multiplicidad de elementos de diversa especie se relacionan entre sí de tal modo que el conocimiento de una porción espacial o temporal del conjunto nos permite formular acerca del resto*

unas expectativas adecuadas o que por lo menos gocen de una elevada probabilidad de resultar ciertas. (Hayek, 1973, pp. 64-65) La cursiva es del original.

Hayek (1973) distingue dos órdenes: un orden creado o exógeno, y un orden endógeno o autógeno. El primero es artificial y organizado, en griego *taxis.* El segundo, es espontáneo, en griego *cosmos.*

Cuando fruto de la interacción de los individuos se da un estado de cosas imposible de planear por un solo hombre, estamos frente a un caso de espontaneidad en el mundo social (Zanotti, 2003, p. 14).

El orden del mundo social surge parcialmente del designio humano. La dependencia de un único plan supondría renunciar a una parte del conocimiento disponible (Hayek, 1967, p. 10, 1973, pp. 15-16).

Desde el punto de vista antropológico una teoría de las capacidades humanas de conocimiento subyace a la teoría de orden espontáneo. Las disposiciones innatas al aprendizaje que Hayek (1968) entiende que hay en el hombre, se encuentran en el lenguaje, la etología, y la idea de Popper de que la teoría precede a la observación. Estas disposiciones innatas al aprendizaje en el marco de un conocimiento limitado evitan el completo desorden (Zanotti, 2003, p. 31).

2. La fenomenología realista en Hayek

Hayek entendió la acción humana intencional como clave para comprender el objeto de las ciencias sociales. Una lectura de Hayek desde una interpretación realista de la fenomenología de Husserl implica reconstruir la intersubjetividad husserliana desde su noción de mundo de la vida. Esto supone: a) la intersubjetividad como ontología del mundo social, b) la historicidad de los horizontes, c) la intersubjetividad como hermenéutica realista, d) la superación de la dicotomía sujeto-objeto, e) la renovación de los sentidos de «teoría» y «esencia» en los fenómenos sociales (Zanotti, 2005 y 2007).

a. La intersubjetividad como ontología del mundo social

A partir de la consideración de la noción de acción humana y persona de Tomás de Aquino, la intersubjetividad de Husserl puede ser entendida como personas en relación (Zanotti, 2005). Las relaciones se caracterizan por sus fines (Zanotti, 2011, p. 50).

El conjunto de relaciones que constituye la persona se caracteriza por los fines mutuamente entendidos. La persona es un ser en el «mundo de la vida» de Husserl.[6] Este mundo es aquel en el que las personas «viven en». El mundo real es en Hayek, el mundo de las relaciones intersubjetivas. El conocimiento humano no es independiente del mundo de la vida. Todo nuestro conocimiento es *«life world laden»* (Zanotti, 2019).

b. El mundo de la vida está históricamente situado (Gadamer).

Las experiencias pasadas como pre-comprensión originaria forman el presente del mundo de la vida. Los horizontes de Gadamer incorporan la conciencia histórica.

c. La interpretación no es un agregado al conocimiento, sino que es el conocimiento que cada persona tiene de su mundo de la vida. Ella expresa el mundo de la vida habitado. Es realista porque es la vivencia de la realidad que habita.

---

[6] Sobre la noción de mundo de la vida, véase Husserl, (1936).

d. Lo primero conocido para nosotros es el propio mundo de la vida. Es lo primero que cae bajo la consideración del intelecto. La conciencia de esto supera la distinción sujeto-objeto. El mundo es, entonces, la primera realidad intersubjetiva en la que está la persona. La verdad es expresión del mundo de la vida habitado.

e. Siguiendo a Husserl y a Schütz, es posible distinguir dos actitudes hacia el mundo de la vida: natural y teorética. En actitud natural, ponemos entre paréntesis los debates filosóficos sobre el mundo de la vida. La actitud teorética implica distancia de los horizontes de precomprensión y actitud contemplativa hacia una respuesta universal o esencia con un significado análogo en los distintos mundos de la vida. Esta esencia está abierta a lo común a todos los mundos de la vida y en tal sentido es no relativista (Zanotti, 2005 y 2007).[7]

Conclusión

Para mostrar que la interpretación realista fenomenológica de Hayek fortificaría su epistemología presentamos las ideas más importantes de la epistemología de la economía en Hayek: el problema del conocimiento, el objeto de las ciencias sociales, el método y el orden espontáneo. Señalamos que la limitación del conocimiento es compatible con la antropología realista moderada de Tomás de Aquino y la fenomenología de Husserl.

El conocimiento falible y limitado, entendido como una relación intersubjetiva en la que la intencionalidad de la ac-

---

[7] Hemos retomado este punto en Zanotti, G. J., Borella, A. y Cachanosky, N. (2021). Hermeneutics and phenomenology in the social sciences: Lessons from the Austrian school of economics case. *The Review of Austrian Economics*.

ción humana presente en la interacción constituye el objeto de las ciencias sociales, ofrece una fundamentación filosófica realista al enfoque hermenéutico en este autor, abre a un posible individualismo metodológico moderado y a través de la reelaboración de la intersubjetividad husserliana permite acceder a una hermenéutica realista en el pensamiento de Hayek.

Referencias

BORELLA, A. (2018). La fenomenología realista de Hayek: un camino abierto. *Libertas: Segunda Época,* vol. 3, n.°1, pp. 59-69.

CALDWELL, B. (1988). Hayek's transformation. *History of Political Economy,* 20:4, pp. 513-541.

— (1992). Hayek the falsificationist? A refutation. *Research in the History of Economic Thought and Methodology,* vol. 10, pp. 1-15.

GALLO, E. (1987). La tradición del orden social espontáneo: Adam Ferguson, David Hume y Adam Smith. *Libertas*, IV: 6, pp. 1-15.

HAYEK, F.A. (1937 [1948]). Economics and knowledge. En *Individualism and Economic Order* (pp. 33-56). Chicago: The University of Chicago Press.

— (1942-44 [1979]). Scientism and the study of society. En *The Counter Revolution of Science: Studies on the Abuse of Reason* (pp. 17-182) 2nd. Ed. Indianapolis: Liberty.

— (1943 [1948]). The facts of the social sciences. En *Individualism and Economic Order* (pp. 57-76). Chicago: The University of Chicago Press.

— (1945 [1948]). The use of knowledge in society. En *Individualism and Economic Order* (pp. 77-91). Chicago: The University of Chicago Press.

— (1955 [1967]). Degrees of explanation. En *Studies in Philosophy, Politics and Economics* (pp. 3-21). Chicago: The University of Chicago Press.

— (1964 [1967]). The theory of complex phenomena. En *Studies in Philosophy, Politics and Economics* (pp. 22-44). Chicago: The University of Chicago Press.

— (1967 [1968]). The confusion of language in political thought, *Occasional Paper*, Gran Bretaña: Institute of Economic Affairs.

— (1968 [1978]). The primacy of the abstract. En *New Studies in Philosophy, Politics, Economics, and the History of Ideas* (pp. 35-49). Chicago: The University of Chicago Press.

— (1973 [1982]). *Rules and Order*. vol. 1 de *Law, Legislation and Liberty. A new statement of the liberal principles of justice and political economy*. Gran Bretaña: Routledge.

— (1994). *Hayek on Hayek: An autobiographical Dialogue*. S. Kresge y L. Wenar (eds.) Chicago: The University of Chicago Press.

HUSSERL, E. (1936 [2008]). *La Crisis de las Ciencias Europeas y la fenomenología trascendental*. Buenos Aires: Prometeo.

HUTCHISON, T. (1981). *The Politics and Philosophy of Economics: Marxians, Keynesians and Austrians*. Oxford: Basil Backwell.

LEOCATA, F. (2003). *Persona, lenguaje y realidad*. Buenos Aires: Educa.

MISES, L. VON. (1949 [1998]). *Human Action. A Treatise on Economics*. Alabama: Ludwig von Mises Institute.

STEIN, E. (1994). *La pasión por la verdad*. Buenos Aires: Bonum.

ZANOTTI, G.J. (1993). Hayek y la Filosofía Cristiana». *Estudios Públicos*, 50, pp. 45-88.

— (2003). *Introducción Filosófica a Hayek*. Guatemala/Madrid: Universidad Francisco Marroquín-Unión Editorial.

— (2005). *Hacia una Hermenéutica Realista*. Buenos Aires: Universidad Austral.

— (2007). Intersubjectivity, subjectivism, social sciences and the Austrian School of Economics. *Journal of Markets and Morality,* vol. 10, n.° 1, pp. 115-141.

— (2011). *Conocimiento versus información.* Madrid: Unión Editorial.

— (2013). *Caminos abiertos.* Madrid: Unión Editorial.

— (2019). *La hermenéutica como el humano conocimiento.* Wyoming: Ed. Arjé.

ZANOTTI, G. J., BORELLA, A. y CACHANOSKY, N. (2021). Hermeneutics and phenomenology in the social sciences: Lessons from the Austrian school of economics case. *The Review of Austrian Economics.*

Capítulo 3
Más allá del positivismo:
Hayek desde Lawson

Introducción

En este capítulo nos referiremos a la crítica que hace Lawson (1997a y 1997b) a Hayek de no haber trascendido el Positivismo.[8]

Esta crítica se traduce en atribuirle a Hayek un compromiso con la ontología del Realismo Empírico, una ontología de sistemas cerrados, que implica un mundo social que es un conjunto de átomos aislados. El conocimiento de un mundo con esas características, se expresa según Lawson a través de leyes que capturan conjunciones constantes de eventos. Esto es lo que Lawson denomina «Deductivismo» (Lawson 1994, pp. 136-137, 1997b, p. 131, 1999, p. 224).

Si bien Lawson ha recibido diversas críticas (Fullbrook, 2009; Lawson, 2009 y 2015) a las que nos hemos referido en trabajos anteriores (Borella, 2012, 2017 y 2020), no las abordaremos aquí.

Frente a la interpretación positivista de Hayek que considera Lawson, nosotros sostendremos una interpretación realista fenomenológica.

---

[8] Hemos tratado detalladamente esta crítica en (2017). «Hayek in Lawson's view: Positivism, Hermeneutics and ontological Individualism». *Revista de Instituciones, Ideas y Mercados,* vol. 66, pp. 1-29. Reimpreso en castellano en *Trazos y Ensayos de filosofía para el mundo social.* CABA: Unión Editorial, capítulo 13.

Si bien también en el planteo de Lawson, Hayek puede ser entendido como un positivista ontológico –conforme a su Individualismo Ontológico– señalaremos que esto último no conduciría para nosotros necesariamente a un Positivismo. Lawson parece acercarse a esta idea, pero sólo a partir del despliegue del pensamiento de Hayek a partir de 1955, donde empieza a entenderlo como compatible con una ontología de sistemas abiertos. A diferencia de Lawson, nosotros sostenemos siguiendo a Zanotti (2005 y 2013), que en Hayek hay *siempre* -no después de 1955– un Individualismo Ontológico Moderado, compatible con una lectura realista de la fenomenología de Husserl.

Distinguiremos tres partes en el tratamiento de este tema.

a. Sobre Hayek: abordaremos el problema metodológico y la cuestión ontológica. En cuanto al problema metodológico, trataremos: el problema del conocimiento, el objeto de las ciencias sociales y el método. En cuanto a la cuestión ontológica, nos referiremos a: el orden espontáneo, el Positivismo e Individualismo.

b. Hayek desde Lawson: trataremos el anti-naturalismo y la hermenéutica de Hayek en ciencias sociales. Analizaremos las relaciones, las reglas y su vínculo con la ontología.

c. Nuestra interpretación: volveremos sobre las razones para sostener otra interpretación en relación al Positivismo atribuido por Lawson a Hayek. Sostendremos que su Individualismo no conduce con necesidad a una ontología de sistemas cerrados o positivista, manteniendo su compatibilidad con una interpretación realista de la fenomenología de Husserl.

A. Sobre Hayek

1. El problema metodológico

1. 1. El problema del conocimiento

Hayek entiende que el problema de la división del conocimiento es el problema central de la economía como ciencia social. El problema de la utilización de la información dispersa entre miles de personas (Hayek, 1937, p. 50; 1973, pp. 29-30). El conocimiento existe de manera fragmentada y dispersa entre los individuos. Nunca existe de forma concentrada. Se trata de un conocimiento concreto y determinado sobre el modo en que las cosas particulares pueden ser usadas para propósitos particulares (Hayek, 1942-44, p. 92). Es conocimiento desorganizado, que refiere a circunstancias particulares de tiempo y espacio. En relación a esto cada individuo tiene alguna ventaja sobre los otros porque posee información única de la que puede hacer uso beneficioso (Hayek, 1945a, p. 80).

La economía se ha acercado a responder la pregunta central de todas las ciencias sociales acerca de cómo la combinación de fragmentos de conocimiento que existen en distintas mentes producen resultados que si se quisieran obtener deliberadamente requerirían un conocimiento de parte de una mente directriz que ninguna persona sola puede poseer (Hayek, 1937, p. 54).

Hayek señala que, aunque nuestra civilización es resultado de la acumulación de conocimiento individual, no lo es por la combinación consciente en alguna mente individual, sino por su personificación en símbolos que usamos sin entenderlos en hábitos, instituciones... que el hombre es capaz de aprovechar de un conjunto de conocimiento que él ni ninguna otra persona posee completamente (Hayek, 1942-44, pp. 149-150).

Muchas de las grandes cosas que el hombre ha alcanzado no son el resultado del pensamiento dirigido conscientemente, y aún menos el producto de un esfuerzo coordinado deliberadamente, de muchos individuos, sino un proceso en el que el individuo desempeña un papel que él nunca puede entender completamente. Son más grandes que cualquier individuo precisamente porque resultan de la combinación de conocimiento más extensivo que el que una sola mente puede dominar. (Hayek, 1942-44, p. 150).[9]

Se destaca aquí la idea de que muchas de las grandes cosas alcanzadas por el hombre no son fruto del designio humano y la posibilidad de vencer las limitaciones del conocimiento individual (Hayek, 1967, p. 63).

Dada la naturaleza del conocimiento en este autor, los precios pueden coordinar las acciones separadas de distintas personas. El sistema de precios es un mecanismo para comunicar información. La información esencial es transmitida a través de un símbolo (Hayek, 1945a, pp. 85-87).

El mercado se entiende entonces, como un sistema de utilización del conocimiento, que nadie puede poseer como un todo. Éste utiliza más información que la que pueden usar las autoridades (Hayek, 1994, p. 80).

1. 2. El objeto de las ciencias sociales

Hayek señala que los hechos de las ciencias sociales no se definen por sus propiedades objetivas, sino por las visiones de las personas sobre estos objetos. En ciencias sociales, las cosas son lo que la gente piensa que son (Hayek, 1943, pp. 59-60).

Del mismo modo que no hay «hechos» en ciencias sociales como en ciencias naturales, no hay datos dados al economista (Hayek, 1994, p. 147). Los hechos de las ciencias

---

[9] La traducción de las citas de este texto es mía.

sociales son lo que la gente que actúa piensa que son. Estas ciencias tratan sobre las relaciones entre hombres y hombres, o entre hombres y cosas e intentan explicar las consecuencias no queridas de las acciones de los hombres (Hayek, 1942-44, p. 41, p. 44). Los objetos de la economía se definen en referencia a un propósito humano, a las visiones que la gente tiene de ellos (Hayek, 1942-44, p. 53).

1. 3. El método

Conforme a que los objetos de la actividad económica no se definen por sus propiedades objetivas, sino en relación a un propósito humano, Hayek sostiene un subjetivismo.

Al intento de construir «los hechos» de las ciencias sociales aplicando los métodos de la física, Hayek lo llamó Cientificismo. El método de las ciencias sociales es, a partir de 1955, el método hipotético deductivo, o método compositivo o sintético.

> Las ciencias sociales, por tanto, no tratan con todos «dados», sino su tarea es constituir estos todos mediante la construcción de modelos desde elementos conocidos -modelos que reproducen la estructura de relaciones entre algunos de los numerosos fenómenos que siempre observamos simultáneamente en la vida real. (Hayek, 1942-44, p. 98)

> Los puntos que queremos destacar son que en todos esos intentos debemos empezar desde lo que los hombres piensan y quieren hacer: desde el hecho de que los individuos que componen la sociedad son guiados en sus acciones por una clasificación de cosas o eventos de acuerdo a un sistema de cualidades y conceptos sensoriales que tienen una estructura común y que conocemos porque nosotros también, somos hombres; y que el conocimiento concreto que los diferentes individuos poseen diferirán en muchos respectos. No sólo la acción del hombre hacia objetos externos sino también to-

das las relaciones entre los hombres y todas las instituciones sociales pueden ser entendidas sólo por lo que los hombres piensan sobre ellas. (Hayek, 1942-44, p. 57)

Junto con la propuesta del método hipotético deductivo para todas las ciencias, en la primacía de la teoría respecto de la observación también se advierte la influencia popperiana (Hayek, 1968).

2. La cuestión ontológica

2.1. El orden espontáneo

Hayek distingue el orden exógeno o creado, del orden endógeno o autógeno. El primero refiere a un orden artificial u organización. En griego, *taxis*. El segundo es el orden espontáneo. En griego, *cosmos*.

Mientras que el orden creado o taxis es limitado por la mente del creador, concreto y está al servicio de algún propósito del creador, el orden espontáneo o cosmos no está limitado por una mente humana, está basado en relaciones abstractas y dado que no es producto de una creación deliberada, no persigue un fin determinado (Hayek, 1973, pp. 68-70).

La teoría del orden espontáneo tiene como antecedente la Escuela Escocesa de Hume, Smith y Ferguson. En esta tradición el hombre es «un complejo haz de sentimientos y de pasiones encontradas, de virtudes y de defectos, de sabiduría y torpeza» (Gallo, 1987, p. 3). Esta noción de hombre implica: a) que el hombre actúa por interés, b) que el conocimiento humano es limitado, y c) que los recursos para satisfacer todos los deseos son escasos. De acuerdo a esto, Gallo señala que, dadas las condiciones planteadas, no parece posible la creación de riqueza. A pesar de esto, fue posible, aunque no a causa de un plan deliberado. Las instituciones son resultado de las acciones humanas, pero no del designio

humano y parte significativa de ellas emergió espontáneamente de las interacciones humanas (Gallo, 1987, p. 6).

El mundo social es sólo parcialmente el resultado del designio humano, puesto que no todo el orden que resulta de
la interacción humana es resultado de los designios humanos (Hayek, 1967, p. 64).

En ciencias sociales el proceso de mercado es un caso de
orden espontáneo, que supone conocimiento imperfecto en
quienes actúan.

Las *pattern predictions* son el resultado epistemológico
coherente con la teoría del orden espontáneo (Zanotti, 2003,
p. 39). Ellas son predicciones emergentes, cualitativas, de
planteos espontáneos.[10]

2.2. Positivismo e individualismo

A la teoría del orden espontáneo, en términos antropológi-
cos, subyace una teoría de las capacidades humanas de conocimiento. Hayek sostiene que hay disposiciones innatas
de aprendizaje que se encuentran en el lenguaje, la etología
y en la idea de Popper de que la teoría precede a la observación (Hayek, 1968, pp. 37-39). En «*The Primacy of the
Abstract*» (1968) lo abstracto, refiere al enfoque anterior a
la observación, a cómo interpretamos la realidad (Zanotti,
2003, p. 30).[11]

En el marco de la orientación neokantiana, la primacía de
lo abstracto implica categorías a priori que ordenan datos de
un mundo singular y concreto.

---

[10] Hemos examinado la noción de *pattern predictions* en «Modelos y
pattern predictions en Hayek», publicado en (2021), *Procesos de Mercado*,
vol. XVIII, n°2, pp. 363-380.

[11] Esta idea está vinculada en nuestro autor al despliegue de su pensamiento en sus trabajos de neuropsicología y sus preocupaciones sobre el
funcionamiento de la mente. Véase Borella, A. (2022). Adenda a «El Orden
Sensorial»». Madrid: Unión Editorial.

Hayek (1952) distingue dos órdenes en los que clasificamos los objetos:

a. Físico: de las experiencias sensoriales en las que se clasifican los eventos según sus propiedades sensoriales.
b. Fenomenal o sensorial: trata a los eventos como similares o diferentes de acuerdo a, si con otros eventos producen similares o diferentes eventos externos (Lewis, 2016, p. 4).

Lewis (2013, p. 393) señala que en Hayek las personas son seres intrínsecamente sociales. Las tradiciones, costumbres y reglas de su sociedad conforman la capacidad de razonar, las creencias, los objetivos y la conducta. En cuanto al desplazamiento en su posición metodológica en ciencias naturales y sociales, Lewis se ubica en línea con Caldwell (2004, pp. 232-260).

Hayek (1945b) explicita en qué consiste su Individualismo. Señala el origen de este concepto en los Saint-Simonians para describir a una sociedad competitiva. A esta noción de Individualismo se opuso la palabra Socialismo para referirse a una sociedad planificada centralmente (Hayek, 1945b, p. 3, nota 1).

Él adhiere a lo que denomina «Individualismo Verdadero», que tiene sus raíces en Locke, Mandeville, Hume, Tucker, Ferguson, Smith, Burke, De Tocqueville y Lord Acton (Hayek, 1945b, p. 4).

> El individualismo metodológico es una característica del método en las ciencias sociales según el cual todos los fenómenos sociales son reducibles en su origen a la acción de determinados individuos. Para el individualismo metodológico no hay agregados o macro-conjuntos sociales que realizan acciones que sólo pueden predicarse de personas individuales. Y esto es, precisamente, por el elemento intencional –propio de sujetos individuales– que existen en los objetos de las ciencias sociales. (Zanotti, 2004, p. 35)

Se advierte aquí la noción de intersubjetividad y acción humana que conducen a la hermenéutica realista. El Individualismo Verdadero –al que adhiere– es un intento por entender las fuerzas que determinan la vida social del hombre, una teoría de la sociedad. Es también un conjunto de máximas que se derivan de esta visión de la sociedad. Los fenómenos sociales se entienden aquí a través de las acciones individuales dirigidas a otras personas y guiadas por su conducta esperada. Es importante señalar que esta idea de Individualismo es contraria a lo que comúnmente se entiende por él. Esto es, que supone la existencia de individuos aislados, en vez de que la naturaleza y el carácter de los hombres está determinado por su vida en sociedad (Hayek, 1945b, p. 6).

Contrapone el Individualismo Verdadero a un Pseudo-Individualismo Racionalista que conduce a un colectivismo práctico. El Verdadero afirma que muchas de las instituciones surgieron sin una mente diseñadora y directriz, y que la colaboración espontánea de hombres libres crea con frecuencia cosas mayores que lo que sus mentes individuales pueden comprender. Mayormente el orden presente en los asuntos humanos es resultado no previsto de las acciones individuales.

En este Individualismo la razón es muy limitada e imperfecta, y la conciencia de esto lleva a una actitud de humildad hacia los procesos sociales impersonales y anónimos por los que los individuos contribuyen a crear cosas mayores que las que conocen (Hayek, 1945b, pp. 6-8, 1960, pp. 73-75).

B. Hayek desde Lawson

Como hemos anticipado, Lawson entiende que Hayek no ha superado el Positivismo. Dado el compromiso ontológico necesario que Lawson le atribuye a la metodología, en este autor, un Positivismo Metodológico implicaría con necesidad un compromiso con un Positivismo Ontológico propio del Realismo Empírico, que supone que el mundo social es un conjunto de átomos aislados (Fleetwood, 2007, 2014 y 2017; Lawson, 1995, 1997a, 2003, 2015 y 2019). Entiende que al Individualismo Metodológico de Hayek subyace una ontología realista empírica comprometida con la idea de que el mundo social está formado por átomos aislados.

1. EL ANTI-NATURALISMO Y LA HERMENÉUTICA

Lawson (1994, 1997b) advierte en Hayek (1942-44) una disposición a elaborar un enfoque anti-naturalista sobre cómo entender los fenómenos sociales. Reconoce su subjetivismo en ciencias sociales, la idea de que la vida social depende de las visiones y creencias humanas y que el método compositivo permite acceder a los fenómenos complejos.

Entiende también que Hayek (1942-44) hace explícita su intención por desarrollar una propuesta no positivista de la ciencia, pero piensa que no lo consigue, y que a cambio elabora una versión subjetivizada de determinados errores del Positivismo (Lawson, 1995, p. 104). El punto fundamental que identifica en Hayek es que no ofrece una ontología estructurada, al modo de la Ontología Social de Lawson (Lawson, 1995, p. 106).[12]

Fleetwood (1995), discípulo de Lawson, identifica tres períodos en el pensamiento de Hayek: I) 1931, II) 1942-44 y III) a partir de los años '60. En esta clasificación Lawson parece reconocer el anti-positivismo de Hayek en Hayek III. Si bien esta es una interpretación plausible, nosotros sostenemos siguiendo a Zanotti que, conforme al carácter intencional de la acción humana y la intersubjetividad, una interpretación realista de la fenomenología de Husserl, opuesta al

---

[12] Para las características principales del Realismo Crítico, véase Lawson (1997a, 2003, 2015, 2019), Fleetwood (2014, 2016, 2017) y Borella, (2016, 2017, caps. 5 y 7, y 2020).

Positivismo, es compatible con la epistemología de Hayek, y que él sostuvo siempre (no sólo después de los '60) un Individualismo Metodológico Moderado. Atendiendo a la distinción de los tres períodos en Hayek según Fleetwood, es preciso subrayar que los hechos en ciencias sociales en Hayek no son otro Objetivismo Positivista, sino la base de la interpretación que hace el científico social de la interpretación de los actores sociales. Esto lleva a la intersubjetividad en Hayek.

Según Lawson la propuesta de Hayek no abre al método de explicación por contraste que permite capturar los mecanismos subyacentes a los fenómenos sociales, conforme a la ontología estructurada de la Ontología Social (Hayek, 1937, p. 53, nota 18). Más bien entiende que Hayek cambia los «hechos» del Positivismo por creencias y opiniones, reproduciendo de este modo los errores del Positivismo en clave hermenéutica (Lawson, 1995, p. 105). «Así, en lugar de hechos brutos del Positivismo encontramos en el enfoque limitado de Hayek para la ciencia social, en efecto, las opiniones brutas, creencias y actitudes del Fundacionalismo hermenéutico». (Lawson, 1995, p. 105)

Conforme a la distinción *intentio auctoris* e *intentio lectoris* de Eco, la interpretación de Lawson y Fleetwood de los textos de Hayek (1937 y 1942-44) de la hermenéutica como la sustitución de un hecho por otro es plausible (Hayek, 1937, p. 53, nota 18). Aun así, de acuerdo a nuestra *intentio lectoris* es también viable la idea de que Hayek no es positivista, al agregar la intersubjetividad de Husserl a nuestra interpretación de Hayek. En nuestra interpretación, la hermenéutica que incorporan en Hayek II, Fleetwood y Lawson, no es la sustitución de un hecho por otro. Y Hayek II se acerca a Hayek III considerando el rol de la hermenéutica como lo estamos sosteniendo (Hayek, 1942-44).

Según Lawson la orientación neokantiana de Hayek se apoya en una ontología empirista implícita (Lawson, 1994, p. 145). El término «Fundacionalismo hermenéutico» al que refiere Lawson está vinculado a la función de la ciencia que intenta explicar los mecanismos causales que operan detrás de los fenómenos. Pero en Hayek, Lawson sostiene que la ciencia intenta entender. De aquí la caracterización de la posición como hermenéutica (Lawson, 1997b, p. 137, 1995, p. 106).

La defensa de la capacidad explicativa de la economía está vinculada en este autor a la imposibilidad de predicción que le atribuye, conforme al vínculo que advierte entre la predicción, lo que entiende como Deductivismo y la ontología realista empírica.

En Hayek los fenómenos complejos pueden conocerse a través de las *pattern predictions*. Pero la noción de predicción aquí presente no supone la inducción a partir de regularidades de eventos. Estas predicciones son de patrones, pero no de fenómenos singulares, es una predicción de tipo general y global, que excluye determinados cursos de acción (Hayek, 1964a, p. 35).[13]

La definición misma de orden espontáneo de Hayek lleva en sí una *pattern prediction*. Según Lawson la versión hermenéutica del Fundacionalismo Epistemológico está enraizada en un Individualismo Atomístico. Este Individualismo conforme a este autor supone un Individualismo Ontológico, en el que el mundo social está formado por las creencias de los individuos. En tal sentido entiende que la posición de Hayek no es diferente a la del Positivismo (Lawson, 1997b, p. 146). Fleetwood señala que mientras que los átomos de los positivistas son los hechos objetivos observados, los átomos en Hayek son las creencias hermenéuticas subjetivas. Es preciso recordar aquí que «los hechos en Hayek» no constituyen otro Objetivismo Positivista.

---

[13] Sobre la noción de *pattern prediction*, véase Borella (2021a) y (2021b)

2. Relaciones, reglas y ontología

Aun cuando Hayek define al objeto de las ciencias sociales por las opiniones, relaciones, creencias, Lawson mantiene que no ha superado el Positivismo y su ontología de sistemas cerrados subyacentes. Las relaciones en Hayek son actitudes, esto es, no desempeñan el rol central y constitutivo de las relaciones internas en el marco de la Ontología Social (Lawson, 1997a, pp. 292-293, 1997b, p. 135). Nótese que, si las relaciones se entienden de un modo distinto al de Lawson, entonces, esta noción en Hayek no permitiría abrir a una ontología de sistemas abiertos. Aunque estamos de acuerdo con Lawson en que la noción de relación en Hayek es débil y no conduce a la Ontología Social, agregaremos que los textos de Hayek son compatibles con la mencionada noción de intersubjetividad de Husserl.

Lawson advierte en Hayek un cambio al introducir la noción de regla que abriría a una ontología estructurada. Téngase presente que en Lawson las reglas son parte constitutiva de su Ontología Social (Lawson, 1997ª, pp. 157-173, 2003, pp. 16-18, 2012, 2013b, 2014 y 2015, p. 174, 2019, pp. 53-54).

Hayek distingue clases de reglas o normas en *nomos* y *thesis*. *Nomos* es una regla universal de conducta abstracta, independiente de los objetivos individuales, que conducen a la formación de un orden espontáneo. *Thesis* es aplicable a personas particulares y está al servicio de los objetivos de los gobernantes. Refiere al orden creado deliberadamente por el hombre (Hayek, 1967, pp. 67-69). Nótese aquí que las reglas también en este autor están relacionadas a cuestiones ontológicas.

P. Lewis señala que «el trabajo posterior de Hayek (post 1960) puede ser visto a través de lentes críticos (…)» (Lewis, 2013, p. 386).[14]

---

[14] Refiriéndose al Realismo Crítico (La traducción de las citas de Lewis es mía).

Al argumentar tanto que el poder de coordinación del mecanismo de precios sólo se obtiene cuando las acciones de
la gente están en conformidad con determinados sistemas de
reglas y también que es irreductible a aquellas reglas, Hayek
está por supuesto sugiriendo que el poder en cuestión es una
propiedad emergente; es emergente porque está poseído sólo
por un «todo» particular (Hayek, 1964, p. 262) en la termino-
logía de Lawson (1997, p. 64, p. 166, 2015a, pp. 35-36), una
«totalidad» -es decir una sociedad donde las interacciones
de la gente son gobernadas y estructuradas por el sistema de
reglas apropiado (y no por aquellos individuos tomados en
aislamiento o por un grupo cuya conducta es gobernada por
un conjunto inapropiado de reglas) (Lewis, 2016, pp. 13-14).

Lewis señala que al expresar Hayek que el poder de coordinación del mecanismo de precios se alcanza cuando las acciones están en conformidad con determinados sistemas de
reglas y que son irreductibles a tales reglas, él sugiere que el
poder de los precios es una propiedad emergente «poseída»
por el todo social.

Hasta cierto punto, toda organización reposa tanto sobre
órdenes concretos como sobre normas. La razón es similar
a la que hace que los órdenes espontáneos se basen exclu-
sivamente en normas: que cuando los actos individuales se
hallan sometidos a normas y no a órdenes específicos, resulta
posible utilizar un conjunto de conocimientos del que, en su
totalidad, nadie dispone. (Hayek, 1973, p. 82)

Sin embargo, como Hayek finalmente se dio cuenta, la di-
fusión del conocimiento requerido para la coordinación
de un plan es facilitador no sólo por las señales de precios
como planteado en su innovador artículo de 1945 sobre el rol
epistémico de los precios de mercado formados libremente
(Hayek [1945] 2014), sino también por el conocimiento pro-
porcionado por reglas sociales compartidas (incluyendo tanto
las reglas legales formales de propiedad, derecho delictivo y
derecho contractual y también normas informales de honesti-
dad y cumplimiento de promesas (Lewis, 2017, p. 6).

Según Lewis un sistema complejo está formado por partes relacionadas cuya interacción se puede describir como un conjunto de reglas. Estas reglas a su vez requieren esa interacción. Señala también que la conducta de los elementos individuales cuando están dispuestos en estructuras es diferente a cuando están aislados. El sistema como totalidad presenta propiedades diferentes a las de sus componentes individuales.[15] Las propiedades emergentes dependen de las partes que la componen, pero también de la estructura y son irreductibles a las partes que la componen (Lewis, 2017, p. 4).

> En otras palabras, determinados poderes de interacciones coordinadas están disponibles para los individuos en cuanto miembros de una comunidad, constituyendo potencialidades, que implican derechos y obligaciones que no habrían emergido si los individuos humanos fueran en cambio meros seres biológicos que casualmente estaban situados en mucha proximidad de tiempo-espacio de otros pero sin demasiado, si algún, sentido de prácticas colectivas de grupo. Entonces, ya podemos reconocer una forma de organización (de interacciones humanas) que es irreductible ontológicamente, que involucra poderes o potencialidades que son así irreductibles causalmente (Lawson, 2012, p. 364).

Lewis (2016) pone de relieve la transformación que anticipa Lawson sobre que la noción de reglas en Hayek conduce a una consideración de una ontología de sistemas abiertos como la del Realismo Crítico. La estructura social en Lawson implica posiciones, reglas, derechos, obligaciones… que emergen de las interacciones humanas. Esta estructura es irreductible a las acciones individuales (Lawson, 2012, p. 372, 2013b, pp. 4-5).

Fleetwood (1996), al modo de Lawson, entiende en «el Hayek maduro» un abandono del Realismo Empírico y un

---

[15] Adviértase aquí la similitud con la idea de Lawson del mundo social como una totalidad orgánica internamente relacionada.

acercamiento al Realismo Crítico. En cuanto a la obra de Hayek, si bien Fleetwood reconoce que ella está en transformación continua, distingue dos cambios significativos: a) *Economics and Knowledge* y b) *The Constitution of Liberty*.

Lewis (2013, p. 296) también indica que en Hayek (1964a), los sistemas como el mercado son complejos porque son sistemas abiertos, presentan pocas –si presentan– regularidades. La complejidad del mundo social es a causa de la capacidad de las personas de elegir su curso de acción.

Fleetwood (2007, pp. 8-9) muestra que al entender a Hayek dentro de las Escuelas Heterodoxas opuestas a la *mainstream,* apoyada en el deductivismo que supone un compromiso con una ontología de sistemas cerrados, se contribuiría a un acercamiento al Realismo Crítico.

C. Nuestra interpretación

Dado que Lawson entiende que el Positivismo Metodológico está comprometido con un Positivismo Ontológico es comprensible que vea en Hayek un Positivismo Ontológico al considerar que reemplaza los «hechos» de las ciencias naturales por creencias, visiones, opiniones y actitudes. Aunque esta es una lectura posible, señalamos que también es posible una lectura hermenéutica realista de Hayek.

El enfoque hermenéutico no es Positivismo disfrazado. En parte porque en su defensa del método hipotético deductivo no hay observación sin carga teórica, y además no hay hechos dados. Aunque Lawson y Fleetwood considerarían que esto es correcto para Hayek II, nosotros sostenemos que la propuesta de Hayek puede ser entendida desde una interpretación realista de la fenomenología de Husserl. Hayek (1964a) distingue los fenómenos simples y los complejos, y rechaza explícitamente una ontología de sistemas cerrados, propia en Lawson del Realismo Empírico.

Es de algún modo engañoso acercarse a esta tarea principalmente desde el ángulo de si tales estructuras son sistemas 'abiertos' o 'cerrados'. No hay, estrictamente hablando, sistemas cerrados en este universo. (Hayek, 1964a, p. 27)

En «*Kinds of Rationalism*» (1964b, p. 83) Hayek señala que es anti-positivista. Rechaza el Constructivismo Racionalista o Racionalismo Naïve. Esto es, la racionalidad instrumental del Positivismo, que conduce a un inventor personal de las instituciones sociales. En el Racionalismo Constructivista todas las instituciones sociales son o deben ser producto de un designio o plan concreto (Hayek, 1973, p. 15).

El Racionalismo en este sentido es la doctrina que asume que todas las instituciones que benefician a la humanidad tienen en el pasado y deben en el futuro ser inventadas con clara conciencia de los efectos deseables que producen; que deben ser aprobados y respetados sólo en la medida en que podemos mostrar que los efectos particulares que producirán en cualquier situación dada son preferibles a los efectos que produciría otro arreglo; que lo tenemos en nuestro poder para dar forma a nuestras instituciones que de todos los conjuntos posibles de resultados que preferimos a todos los demás serán realizados; y que nuestra razón nunca debería recurrir a dispositivos automáticos o mecánicos cuando la consideración consciente de todos los factores haría preferible un resultado diferente del proceso espontáneo. (Hayek, 1964b, p. 85)

Siguiendo la tradición de los escoceses por un lado (Hume, Smith, Ferguson) y Menger por el otro, Hayek afirma que las instituciones sociales más complejas como el mercado, el derecho consuetudinario, la limitación al poder y hasta el mismo lenguaje no son fruto del «designio» humano (palabras de Ferguson) sino de las consecuencias no intentadas de la interacción humana en condiciones de conocimiento disperso. (Zanotti, 2010, p. 51)

Hayek entiende que la razón humana es producto de una civilización que creció a través de un proceso evolutivo, y no deliberadamente por el hombre (Hayek, 1964b, p. 86). Opone al Constructivismo Racionalista el Racionalismo Crítico de Popper (Hayek, 1964b, p. 94).

Se opuso al Positivismo en ciencias sociales, afirmando la acción humana intencional como clave para la comprensión de los objetos en ciencias sociales (Zanotti, 2011, p. 46).

Si bien es posible atribuirle un dualismo metodológico antes de 1955, sosteniendo el método inductivo para las ciencias naturales y el hipotético deductivo para las ciencias sociales, en particular teniendo presente los tres períodos que distingue Fleetwood (1995) en el pensamiento de Hayek, y la ambigüedad de los textos de 1937, y 1942-44, nosotros sostenemos que no es posible acusarlo de positivista metodológico puesto que lo rechaza en distintos textos (Zanotti, 2004, p. 39, nota 33).

Aunque, al modo de Lawson, pueda advertirse en Hayek un Individualismo que conduciría a un Positivismo, nosotros sostenemos que no necesariamente es así, que puede señalarse en Hayek un Individualismo Moderado que no conduce con necesidad a un Positivismo.

De acuerdo a Caldwell (1992) analizando el texto de Hutchison (1981), algunos distinguen dos momentos en Hayek: uno más influenciado por Wieser y Mises, y otro más influenciado por Popper y se presenta la transformación del pensamiento de Hayek como un «*U-turn*», un giro total en el pensamiento de Hayek. Sin embargo, con Caldwell (1988, 1992) y Zanotti (2013) rechazaremos esa lectura del desplazamiento del pensamiento del autor.

En Lawson (1994) también está la idea de que el pensamiento de Hayek sufre un movimiento desde una posición más individualista hacia una ontología de sistemas abiertos, pero entiende ese recorrido como un camino de transformación continua, más que un giro total.

Ese Individualismo Moderado puede apoyarse en una interpretación realista de la fenomenología de Husserl.[16]

Aunque las interpretaciones de Lawson y Fleetwood son plausibles, consideramos que una aproximación realista a Hayek fortalece su epistemología de la economía.[17]

Las relaciones o el subjetivismo presente en Hayek los entendemos desde una interpretación realista de la fenomenología de Husserl. Ese recorrido lo realizaremos siguiendo a Zanotti (2007).[18]

El mundo intersubjetivo, de las interacciones humanas es el mundo de la vida. El propósito de esas interacciones es lo que da sentido al fenómeno social.[19] Mostraremos que la intersubjetividad husserliana entendida como ontología del mundo social conduce a una hermenéutica realista, conforme a este análisis (Zanotti, 2007, pp. 118-122):

1. Considerando la intersubjetividad como ontología del mundo social, asumiendo la noción de acción humana y persona de Husserl, su noción de intersubjetividad puede leerse como personas en relación (Zanotti, 2005). La persona es un conjunto de relaciones con otros. Estas relaciones están caracterizadas por propósitos que se entienden mutuamente, y que constituyen la realidad en que la persona vive. En Hayek, el mundo real es el mundo de las relaciones intersubjetivas. El hombre no conoce nada independientemente del mundo de la vida. Todo lo que conoce está cargado del mundo de la vida (*life world laden*) (Zanotti, 2005, p. 67, 2011, pp. 50-52). Es preciso señalar aquí que en

---

[16] Seguiremos aquí el recorrido de Zanotti, 2003, 2004, 2007 y 2014.

[17] A la interpretación realista de Hayek, nos hemos referido en Borella, 2018.

[18] Sobre la interpretación realista de Husserl, véase Stein, E. (1994), y Leocata, F. (2003).

[19] Sobre la noción de mundo de la vida de Husserl, véase del mismo autor su obra de 1936.

Lawson lo social surge y depende de las interacciones humanas.[20]

2. Los mundos de la vida están situados históricamente. Ellos constituyen conjuntos de experiencias humanas pasadas que se transmiten culturalmente y forman el presente de cada uno de ellos como manera de pre-comprender. La noción de horizonte de Gadamer agrega la conciencia histórica.

3. La interpretación es el conocimiento que cada persona tiene de su mundo de la vida. Expresa el mundo de la vida habitado. En tanto es experiencia de la realidad habitada, es realista.

4. Lo primero conocido para las personas es su mundo de la vida. Esto permite superar la dialéctica sujeto-objeto. El mundo no es algo que yace enfrente, sino la realidad intersubjetiva primaria en la que la persona vive. La verdad es expresión del mundo de la vida habitado y objetivo.

5. Frente al mundo de la vida, es posible distinguir dos actitudes: a) natural, y b) teorética. En actitud natural la persona pone entre paréntesis los debates filosóficos en torno a su mundo y «vive». En la actitud teorética, se problematiza lo aproblemático del mundo de la vida, y en actitud contemplativa, se abre a una respuesta más universal, que no es arbitraria ni relativista y está abierta a lo que es común en todos los mundos de la vida. Se advierte aquí que se trata de una hermenéutica no relativista (Zanotti, 2007, 2019).

---

[20] Si bien la noción de estructura en Lawson excede a la de Husserl, en la interpretación realista de Husserl, la noción de relación va más allá de individuos que interactúan.

Conforme a los elementos mencionados de la propuesta de Husserl, consideraremos la naturaleza intencional de la acción humana en el marco de una interpretación realista de la fenomenología de Husserl.[21]

a. Es posible distinguir la moneda como «níquel», y como «dinero»: la definición fenomenológica de la relación intersubjetiva «dinero». La moneda es una relación intersubjetiva que se caracteriza por los propósitos del sujeto actuante (Hayek, 1942-44, pp. 52-53).

En praxeología el primer hecho que conocemos es que los hombres tienen la intención deliberada de causar algunos cambios. Es este conocimiento el que integra el tema de la praxeología y lo diferencia del tema de las ciencias naturales. Conocemos las fuerzas detrás de los cambios y este conocimiento apriorístico nos lleva al conocimiento de los procesos praxeológicos. El físico no sabe lo que "es" la electricidad. Conoce sólo los fenómenos atribuidos a algo llamado electricidad. Pero el economista sabe los que activa el proceso de mercado. Es sólo gracias a este conocimiento que él está en una posición para distinguir los fenómenos y describir el proceso de mercado. (Mises, 1949, p. 352). La traducción es mía.

La moneda como dinero –no como níquel– emerge de los atributos que las intenciones e ideas de las personas le dan al elemento material (Zanotti, 2016).

a. La moneda está ubicada históricamente. De acuerdo al conocimiento que la gente tiene de su mundo y de su horizonte de pre-comprensión, conocen lo que es una moneda.

b. En el momento que alguien realiza un intercambio monetario está interpretando, conociendo el mundo de la vida habitado.

---

[21] Seguimos aquí a Zanotti, 2007.

c. En tanto la moneda es parte de las relaciones intersubjetivas cotidianas, la moneda está dentro del «mundo de la vida».

d. A través de una actitud teorética frente a la moneda es posible alcanzar una descripción fenomenológica abstracta, universal, que no existe fuera de un mundo de la vida concreto.

Conclusión

En este capítulo hemos examinado la crítica de Lawson a Hayek de no haber trascendido el Positivismo. En cuanto al Positivismo Metodológico mostramos que si bien –conforme a la ambigüedad de los textos de Hayek de 1937 y 1942-44– es posible la interpretación de Lawson, dada la influencia de Popper, especialmente distante de un Empirismo Positivista, el aspecto metodológico de Hayek no es necesariamente positivista. En cuanto al Positivismo Ontológico, aunque es posible entender a Hayek como un individualista ontológico (incluso cuando Lawson advierte en Hayek a partir de 1955 un desplazamiento hacia una ontología de sistemas abiertos), sostuvimos que puede reconocerse en él un Individualismo Ontológico Moderado fundado en una ontología realista. Para esto, distinguimos tres partes: a. Hayek: tratamos el problema metodológico y la cuestión ontológica. Acerca del primero, abordamos el tema del conocimiento, el objeto de las ciencias sociales, y el método. Acerca de la segunda, nos referimos al orden espontáneo y el Positivismo y el Individualismo. b. Hayek desde Lawson: examinamos el Anti-naturalismo y la hermenéutica en Hayek, y las relaciones, las reglas, y su vínculo con la ontología. c. Nuestra interpretación: planteamos la posibilidad de fundamentar el Individualismo Metodológico Moderado de Hayek en una interpretación realista de la fenomenología de Husserl.

Referencias

BORELLA, A. (2012). Aislamiento y modelos económicos en el realismo crítico. *Economía,* XXXVII, 34, pp. 139-152.

— (2013). Mecanismos en el Realismo Crítico, IX Jornadas de Investigación en Filosofía, 28 al 30 de agosto de 2013, La Plata, Argentina. En Memoria Académica. Disponible en: <http://www.memoria.fahce.unlp.edu.ar/trab_eventos/ev.2890/ev.2890.pdf>.

— (2016). El Realismo Pictórico de los modelos económicos. *Revista Perspectivas de las Ciencias Económicas y Jurídicas*, vol. 6, n.° 2, pp. 99-105.

— (2017). *Modelos Económicos y realidad.* CABA: Grupo Unión.

— (2018). La fenomenología realista de Hayek: un camino abierto. *Libertas: Segunda Época*, vol. 3, n.°1, pp. 35-45.

— (2021a). Modelos y pattern predictions en Hayek. *Procesos de Mercado. Revista Europea de Economía Política*, vol. XVIII, n.°2, pp. 363-380.

— (2021b). Models, realism and market process. Disponible en *SSRN*: <https://ssrn.com/abstract=3891107 o <http://dx.doi.org/10.2139/ssrn.3891107>.

— (2022). Adenda a *El Orden Sensorial* de Hayek. Madrid: Unión Editorial.

CALDWELL, B. (1988). Hayek's transformation. *History of Political Economy,* 20:4, pp. 513-541.

— (1992). Hayek the fasificationist? A refutation. *Research in the History of Economic Thought and Methodology,* vol. 10, pp. 1-15.

— (2004). *Hayek's Challenge.* Chicago y Londres: The University of Chicago Press.

CHICK, V. y DOW, S. (2005). The meaning of Open Systems. *Journal of Economic Methodology,* 12:3, pp. 363-381.

FLEETWOOD, S. (1995). *Hayek´s Political Economy.* Londres: Routledge.

— (1996). Order without equilibrium: a critical realist interpretation of Hayek's notion of spontaneous order. *Cambridge Journal of Economics*, 20(6), pp. 729-747.

— (2007). Austrian Economics and the Analysis of Labour Markets. *The Review of Austrian Economics,* 20 (4), pp. 247-267. Disponible en <http://eprints.uwe.ac.uk/15972>.

— (2014). Bhaskar and Critical Realism. En P. Adler, P. Du Gay, G. Morgan, y M. Reed, (eds.), *Oxford Handbook of Sociology, Social Theory and Organisation Studies: Contemporary Currents* (pp. 182-219). Oxford: Oxford University Press.

— (2016). (Mis) Understanding Labour Markets. En J. Murray, (ed.), *Labor Markets: Analysis, Regulation and Outcomes* (p. 1-85). Nueva York: Nova Science Publishers.

— (2017). The Critical Realist Conception of Open and Closed Systems. *Journal of Economic Methodology,* vol. 4, 1, pp. 41-68.

FRIEDMAN, M. (1953 [1967]). La metodología de la economía positiva. En *Ensayos sobre Economía Positiva* (pp. 9-44). Trad. R. Ortega Fernández. Madrid: Gredos.

FULLBROOK, E. (2009). (ed.) *Ontology and Economics. Tony Lawson and his critics*. Londres y Nueva York: Routledge.

GALLO, E. (1987). La tradición del orden social espontáneo: Adam Ferguson, David Hume y Adam Smith. *Revista Libertas* IV, 6, pp. 1-15. Disponible en <http://www.eseade.edu.ar/files/Libertas/44_5_Gallo.pdf>.

GUERRIEN, B. (2009). Irrelevance and Ideology. En E. Fullbrook, (ed.) *Ontology and Economics. Tony Lawson and his critics* (pp. 158-161). Londres y Nueva York: Routledge.

HAYEK, F.A. (1937 [1948]). Economics and Knowledge. En *Individualism and Economic Order* (pp. 33-56). Chicago: The University of Chicago Press.

— (1942-44 [1979]). Scientism and the Study of Society. En *The Counter Revolution of Science: Studies on the Abuse of Reason* (2da. ed.) (pp. 17-182). Indianapolis: Liberty.

— (1943 [1948]). The Facts of the Social Sciences. En *Individualism and Economic Order* (pp. 57-76). Chicago: The University of Chicago Press.

— (1945a [1948]). The Use of Knowledge in Society. En *Individualism and Economic Order* (pp. 77-91). Chicago: The University of Chicago Press.

— (1945b [1948]). Individualism: True and False. En *Individualism and Economic Order* (pp. 1-32). Chicago: The University of Chicago Press.

— (1952 [1976]). *The Sensory Order: An Inquiry into the Foundations of Theoretical Psychology.* Chicago: The University of Chicago Press.

— (1960 [1997]). *Los fundamentos de la libertad.* Barcelona: Ediciones Folio.

— (1964a [1967]). The Theory of Complex Phenomena. En *Studies in Philosophy, Politics and Economics* (pp. 22-44). Chicago: The University of Chicago Press.

— (1964b [1967]). Kinds of rationalism. En *Studies in Philosophy, Politics and Economics* (pp. 82-95). Chicago: The University of Chicago Press.

— (1967 [1981]). La confusión del lenguaje en el pensamiento político. En *Nuevos Estudios en Filosofía, política, economía e historia de las Ideas.* (pp. 63-85). Trad. María Isabel Alves. Argentina: Eudeba.

— (1968 [1978]). The Primacy of the Abstract. En *New Studies in Philosophy, Politics, Economics, and the History of Ideas* (pp. 35-49). Chicago: The University of Chicago Press.

— (1973). *Derecho, legislación y libertad.* vol. I Normas y Orden. Madrid: Unión Editorial.

— (1976). *Derecho, legislación y libertad.* vol. II El Espejismo de la Justicia Social. Madrid: Unión Editorial.

— (1994). *Hayek on Hayek: An Autobiographical Dialogue.* S. Kresge y L. Wenar (eds.). Chicago: The University of Chicago Press.

HODGSON, G. (2009). On the Problem of Formalism in Economics. En E. Fullbrook. (ed.), *Ontology and Economics. Tony Lawson and his critics* (pp. 175-188). Londres y Nueva York: Routledge.

HUTCHISON, T. (1981). *The Politics and Philosophy of Economics: Marxians, Keynesians and Austrians.* Oxford: Basil Backwell.

LAWSON, T. (1994). Realism and Hayek: a case of continuing transformation. En M. Colonna, H. Hagemann y O.F. Hamouda. (eds.), *Capitalism, Socialism and Knowledge* (pp. 130-159). Aldershot: Edward Elgar.

— (1995). Hayek and Keynes: a commonality. *History of Economics Review*, Issue 25, pp. 96-114.

— (1997a). *Economics and Reality.* Londres y Nueva York: Routledge.

— (1997b). Development in Hayek's Social Ontology. En S. Frowen. (ed.), *Hayek: Economist and Philosopher* (pp. 125-147). Londres: Palgrave Macmillan.

— (1999). Critical Issues in Realist Social Theory. En S. Fleetwood. (ed.), *Critical Realism in Economics. Development and Debate* (pp. 209-247). Londres: Routledge.

— (2002). Social Explanation and Popper. Lecture given at the Popper Anniversary Conference, University of Galway.

— (2003). *Reorienting Economics.* Londres y Nueva York: Routledge.

— (2009). On the Nature and Role of Formalism in Economics. En E. Fullbrook, (ed.), *Ontology and Economics. Tony Lawson and his critics* (pp. 189-231). Londres y Nueva York: Routledge.

— (2012). Ontology and the study of social reality: emergence, organisation, community, power, social relations, corporations, artefacts and money. *Cambridge Journal of Economics,* 36, pp. 345-385.

— (2013a). What is this `school` called neoclassical economics? *Cambridge Journal of Economics,* 37 (5), pp. 947-983.

— (2013b). Emergence and Causation. En J. Greco y R. Groff (eds.). *Powers and Capacities in Philosophy* (pp. 287-307). Londres y Nueva York: Routledge.

— (2014). A Speeding up of the Rate of Social Change? Power, Technology, Resistance, Globalisation and the Good Society. En M. S. Archer (ed.), *Late Modernity. Where are we going?* (pp. 21-47). Nueva York: Springer.

— (2015). *Essays on the Nature and State of Modern Economics.* Londres y Nueva York: Routledge.

LEOCATA, F. (2003). *Persona, lenguaje y realidad.* Buenos Aires: Educa.

LEWIS, P. (2013). Hayek, Social Theory, and the Contrastive Explanation of Socio-Economic Order. *Critical Review: A Journal of Politics and Society,* 25: 3-4, pp. 386-408.

— (2016). Ontology and the History of Economic Thought: the case of anti-reductionism in the work of F. Hayek. *Cambridge Journal of Economics,* Disponible en SSRN: <https://ssrn.com/abstract=2784713>.

— (2017). The Ostroms and Hayek as Theorists of Complex Adaptive Systems: Commonality and Complementarity. *Advances in Austrian Economics,* 22, pp. 49-80. Disponible en SSRN: <https://ssrn.com/abstract=2940972>.

MISES, L. VON. (1949 [1998]). *Human Action. A Treatise on Economics.* Alabama: Ludwig von Mises Institute.

O'BOYLE, B. Y MC DONOUGH, T. (2017). The Ideology of Mathematical Economics-a Reply to Tony Lawson. *Economic Thought,* 6 (1), pp. 16-34. <http://et.worldeconomicsassociation.org/files/WEA-ET-6-1-Boyle-

McDonough.pdf>.

Stein, E. (1994). *La pasión por la verdad*. Buenos Aires: Bonum.

Zanotti, G. J. (2003). *Introducción Filosófica a Hayek.* Guatemala/Madrid: Universidad Francisco Marroquín, Unión Editorial.

— (2004). *El Método de Economía Política*. Buenos Aires: Ediciones Cooperativas.

— (2005). *Hacia una Hermenéutica Realista*. Buenos Aires: Universidad Austral.

— (2007). Intersubjectivity, subjectivism, social sciences and the Austrian School of Economics. *Journal of Markets and Morality,* vol. 10, n.° 1, pp. 115-141.

— (2010). *Igualdad, libertad, intimidad*. CABA: Ediciones Cooperativas.

— (2011). *Conocimiento versus información*. Madrid: Unión Editorial.

— (2013). *Caminos abiertos*. Madrid: Unión Editorial.

— (2016). ¿Qué agregan la fenomenología y la hermenéutica al debate sobre las matemáticas en economía? En *Libertad y convicciones. Ensayos en honor al Dr. Juan Carlos Cachanosky* (pp. 221-232). Guatemala/Miami: Editorial Episteme.

— (2019). *La hermenéutica como el humano conocimiento*. Wyoming: Ed. Arjé.

Zanotti, G. y Borella, A. (2015). Modelos y Escuela Austriaca: una fusión entre Friedman y la Escuela Austriaca pasando por Mäki. *Filosofía de la Economía*, vol. 4, 69-85.

— (2018). Matemáticas y economía: aportes de Mises y Lawson. *Libertas: Segunda Época,* vol. 3, n.°1, 71-82.

Capítulo 4
El fundamento filosófico del modelo en Hayek

Introducción

La discusión sobre el realismo de los modelos económicos se encuadra en la epistemología de la economía. Es el debate Realismo-Instrumentalismo de la filosofía de las ciencias, iniciado en la modernidad en el ámbito de la física, trasladado o reformulado en la epistemología de la economía. Por supuesto, no se trata de la discusión Realismo-Anti-realismo de la metafísica. Aunque advertiremos que la discusión Realismo Científico-Instrumentalismo en la epistemología de la economía toca, más o menos transversalmente, según los autores, aspectos relativos a la metafísica.[22]

El debate sobre el realismo de los modelos económicos tiene además antecedentes históricos. El antecedente remoto de esta discusión se encuentra en el siglo XIX en la discusión acerca de la naturaleza y legitimidad de la economía como ciencia. Esto es, si la economía tenía que ser una ciencia abstracta, axiomática, deductiva, o si tenía que incorporar variables históricas, geográficas y utilizar el método inductivo. La primera seguía el modelo de la física como la había pensado Adam Smith, y fue la posición que sostuvo la Escuela

---

[22] Tal es el caso de autores como Popper, Lawson, Mäki, Cartwright, Hayek, entre otros.

Inglesa de Ricardo, Cairnes, Mill, y Senior. La segunda fue la que tomó la Nueva Escuela o Escuela Reformista de Jones, Ingram y Leslie. Esta discusión se reanima a mitad de siglo XX, pero ya no en torno a la naturaleza de la ciencia económica, sino acerca del realismo de los supuestos de la teoría económica. Esto surge con la publicación de Friedman en 1953 de «La Metodología de la Economía Positiva». Este texto que dio lugar a un sinfín de interpretaciones, y que en algún sentido «fueron alimentadas» por el mismo Friedman quien no aclaró ni respondió a las diversas consideraciones sobre aquella publicación, abre entonces, el debate sobre el realismo de los supuestos. Entre esa innumerable cantidad de literatura secundaria es preciso destacar el texto de Machlup de 1954 «El problema de la verificación en economía», y el de Musgrave en 1981 «'Unrealistic assumptions' in economic theory: the F-twist untwisted».[23]

Esta reformulación de la discusión del siglo XIX va a ser central para el debate posterior sobre el realismo de los modelos económicos entre quienes defienden el uso de tales construcciones formales matemáticas para acceder al mundo social y quienes mantienen una posición crítica al respecto. En la primera posición es posible identificar a Uskali Mäki (2008a y 2009a) y la Escuela de Finlandia,[24] y en la segunda a Tony Lawson (1997, 2003, 2015 y 2019)[25] y la Escuela de Cambridge.[26]

No es objeto de este texto examinar críticamente los autores mencionados hasta aquí, sino tomar solamente aquellos elementos de sus propuestas que contribuyen a tratar el fundamento filosófico del modelo en Hayek. En este marco

---

[23] Nos hemos referido a los antecedentes históricos con detalle en Borella, (2017), parte I.

[24] Véase Borella, A. (2010), (2011), (2013).

[25] Véase Borella, A. (2012a), (2012b) y (2020), cap. 12.

[26] Un caso particular es el de Popper en cuanto a su posición acerca del uso de los modelos en ciencias sociales, pero no es objeto de análisis de este trabajo. Sobre esto nos hemos referido en Borella, A. (2017), parte II, y (2019).

afirmaremos que el orden espontáneo puede ser entendido como «el modelo» de Hayek y que su evaluación ha de estar vinculada a su fundamento filosófico.[27]

De Friedman (1953), tomaremos la idea de que los supuestos, en tanto omiten, simplifican, idealizan, son irrealistas.[28] En tal sentido los modelos no deben ser juzgados por el realismo de sus supuestos, puesto que ellos no son nunca realistas.

De Musgrave (1981), consideraremos que los supuestos cumplen distintos roles y hacen diferentes aserciones. Entonces, la evaluación de los supuestos está relacionada aquí a si ellos cumplen su función.

Con Mäki (2009b y 2012) recordando a Friedman destacaremos que el valor de verdad de un modelo no depende del valor de verdad de sus supuestos, y recordando a Musgrave, que los supuestos deben ser juzgados por su función. Mäki indica que la función de los supuestos es contribuir al aislamiento del mecanismo que opera en el mundo real. Esta propuesta supone su desarrollo de la noción *MISS* de modelos (*Models as Isolations and credible Surrogate Systems*), los modelos como aislamientos y sistemas subrogados creíbles, enmarcada en la concepción semántica de los modelos (Hausman, 1992).

Veamos ahora cuáles serían los supuestos del orden espontáneo.

---

[27] Hemos tratado detalladamente esto en Borella, A. (2019) y nos hemos referido a esto más recientemente en Borella, A. (2022).

[28] Nos referimos a los supuestos de un modelo en ciencia y, en tanto tal, él es siempre una distorsión de la realidad, y no constituye una descripción detallada del mundo. Sobre la noción de modelo, además de los textos de Mäki y Lawson, parte de ellos citados en este capítulo, véase: De Donato Rodríguez y Zamora Bonilla (2009), Frigg (2006a y2006b), Frigg y Nguyen (2016 y 2020), Gibbard y Varian (1978), Giere (2004, 2009, 2010), Hoover (2018), Knuuttila (2005), Morgan (2001 y 2012), Sugden, (2000 y 2008). No nos detendremos en la literatura sobre modelos aquí, véase Borella, (2017a).

1. Los supuestos del orden espontáneo

Considerando los aportes del Friedman y Musgrave, es posible expresar la teoría de mercado como proceso en términos de la formulación «*iffy*». Esto es, «*If…* tales supuestos, *then…*se producirá tal consecuencia». O bien «Esto ocurre… *as if* tales supuestos fuesen verdaderos».

En el caso de Hayek, los supuestos serían:

a. Precios
b. Libre entrada al mercado
c. Tendencia al aprendizaje

«El mercado tiende a la coordinación *como si* a + b + c». O bien «*si* a + b + c, *entonces* el mercado tiende a una mayor coordinación».[29]

Entonces, si el orden espontáneo puede ser entendido como «el modelo» de la Escuela Austriaca, queda expuesto a la pregunta principal del debate sobre el realismo de los modelos. ¿Qué tan realista es este modelo? ¿Qué tan realistas son los supuestos sobre los que se apoya el modelo austríaco? Puesto que si a + b + c son falsos, se vuelve imposible predicar verdad sobre la tendencia a la coordinación.[30]

Antes de analizar los aportes de Friedman, Musgrave y Mäki en relación a esta posible objeción, presentaremos brevemente los supuestos mencionados.

a. *Precios*

El tema de los precios en este autor se encuadra en el núcleo central de su propuesta: el conocimiento disperso. Dada la fragmentación, las limitaciones, y la dispersión del conoci-

---

[29] Véase una introducción a esto en Zanotti y Borella (2015).

[30] Esta objeción se hace presente principalmente en la concepción sintáctica de los modelos, y supone una concepción diferente a la visión MISS de los modelos de U. Mäki, sin considerar los aportes de Friedman y Musgrave.

miento, el problema de la economía como ciencia es el problema del conocimiento (Hayek, 1937, p. 50, 1973, pp. 29-30; Caldwell, 2004, p. 213).

> ¿Cómo puede la combinación de conocimiento existente en diferentes mentes producir resultados que, si fueran producidos deliberadamente, requerirían un conocimiento por parte de la mente directriz que ninguna persona sola puede poseer? (Hayek, 1937, p. 54)[31]

> Este conocimiento nunca existe como un todo integrado o en una mente, y el único conocimiento que en cualquier sentido se puede decir que existe son estos puntos de vista separados y a menudo inconsistentes e incluso conflictivos de diferentes personas. (Hayek, 1942-44, p. 92)

El conocimiento que no poseemos, al que se refiere, es aquel acerca de cómo cosas particulares pueden ser usadas para propósitos particulares. Es conocimiento desorganizado, no es el de la ciencia (Hayek, 1945, p. 80). Dado que el conocimiento es incompleto, fragmentado, de circunstancias particulares de tiempo y espacio, no es dado a nadie en su totalidad y está disperso entre la gente, los precios pueden actuar para coordinar las acciones separadas de distintas personas (Hayek, 1942-44, pp. 176-177). Por una especie de símbolo se transmite sólo la información esencial.

> Es más que una metáfora describir el sistema de precios como un tipo de maquinaria para registrar el cambio, o un sistema de telecomunicaciones que permite a los productores individuales observar simplemente el movimiento de unos punteros, como un ingeniero podría observar las agujas de unos pocos relojes, para ajustar sus actividades a cambios de los que quizás nunca sepan más que lo que es reflejado en el movimiento de los precios. (Hayek, 1945, pp. 86-87)

---

[31] La traducción de los textos de Hayek (1937, 1942-44, 1945 y 1968b) es mía

El conocimiento que nadie puede tener como un todo, es condensado en signos abstractos. El mercado usa más información que la que pueden usar las autoridades (Hayek, 1994, p. 80).

b. *Libre entrada al mercado*
En Hayek el mercado conduce a un encuentro imperfecto de oferta y demanda bajo ciertas condiciones jurídicas y de conocimiento. El conocimiento relevante de las personas que tengan alguna capacidad de aprendizaje de sus errores son las condiciones de conocimiento (Zanotti, 2003, p. 43). Las condiciones jurídicas refieren a la propiedad privada no intervenida. El mercado es un caso de orden espontáneo en ciencias sociales. En él se utiliza el conocimiento de todos sus miembros y sirve a los propósitos de los individuos (Hayek, 1968).

La competencia es «un procedimiento de descubrimiento de hechos tales que, sin recurrir a ellos, nadie los conocería o, por lo menos no serían aprovechados» (Hayek, 1968a, pp. 155-156). El empleo de la competencia está justificado por las limitaciones del conocimiento.

Conforme a la teoría de mercado como proceso, el mercado está en un estado de flujo continuo (y *nunca* en un estado de equilibrio), y en el marco de respeto de los derechos de propiedad privada, en una sociedad libre los esfuerzos económicos fluyen en el mercado. La teoría de mercado como proceso implica también que el estado de flujo constante abarca dos niveles de cambios:

- exógenos (preferencias, disponibilidad de recursos, posibilidades técnicas, población).

- *endógenos*: proceso de mercado: cambios inducidos sistemáticamente como fuerzas de mercado se mueven constantemente para equilibrar las fuerzas que operan en un momento determinado. Este nivel de tendencias sistemáticas al equilibrio es responsable del potencial crecimiento de las economías de mercado.

Para el funcionamiento de los procesos de mercado es esencial la libertad empresarial competitiva, y es necesaria completa libertad económica del individuo. Una sociedad de individuos libres contra intuitivamente puede alcanzar una medida de coordinación, y aún más contra intuitivamente sólo una sociedad así puede beneficiarse con las fuerzas de la competencia empresarial para realizar y expandir los descubrimientos de que depende la eficiencia distributiva y de crecimiento.

El rol de la ignorancia y el descubrimiento constituye un rasgo central del mercado como proceso (Kirzner, 1992).

> Surge de esta manera la importancia crucial del sistema de precios como un sistema de señales de que se valen participantes del proceso económico para ir coordinando sus planes y también la de la competencia (como rivalidad) como el único camino para descubrir cuál es la información relevante. (Sarjanovic, 1989, p. 11)

c. *Tendencia al aprendizaje*
En relación a las limitaciones del conocimiento, Hayek señala que las personas aprenden. Introduce al aprendizaje como hipótesis auxiliar (Zanotti, 2003, p. 45).

> El punto significativo aquí es que son estas hipótesis o supuestos aparentemente subsidiarios que las personas aprenden de la experiencia, y sobre cómo adquieren el conocimiento, que constituye el contenido empírico de nuestras proposiciones acerca de lo que ocurre en el mundo real. (Hayek, 1937, p. 46)

El aprendizaje es una de las condiciones del orden espontáneo, dada la dispersión del conocimiento (Zanotti, 2011, p. 72). En este contexto, la competencia constituye un método de descubrimiento de hechos particulares que refieren al logro de propósitos temporarios y específicos. Los precios guían la atención para descubrir lo que el mercado ofrece. El conocimiento que el mercado permite es la capacidad de descubrir las circunstancias particulares que pueden ser efectivas sobre servicios y objetos que se desean (Hayek, 1968a, pp. 157-158).

> La competencia es esencialmente un proceso de formación de opinión: al difundir la información, crea una unidad y coherencia del sistema económico que presuponemos cuando pensamos en él como un mercado. Crea las visiones que las personas tienen sobre cuál es mejor y más barata, y es gracias a ella que la gente sabe al menos tanto sobre las posibilidades y oportunidades como de hecho tienen. (Hayek, 1946, p. 106)

A partir de la experiencia de errores anteriores surge el aprendizaje como realización espontánea (Kirzner, 1992, p. 204). Entonces, *si* a + b + c, esto es, precios, más libre entrada al mercado, más tendencia al aprendizaje, el mercado tiende a una mayor coordinación. A continuación abordaremos cuál es el fundamento ontológico en el que se apoyan estos supuestos.

Este fundamento es relevante para la evaluación y elección de construcciones teóricas. En este sentido, la discusión sobre el realismo de los modelos económicos ha de ser tratada desde sus fundamentos filosóficos.[32]

2. El fundamento ontológico del orden espontáneo

Con el propósito de introducirnos en el fundamento ontológico del orden espontáneo, señalaremos a la Escuela Escocesa de Hume, Smith y Ferguson como antecedente

---

[32] Esto implica un vínculo entre ontología y economía, que ha sido enfatizado de modo diverso en diferentes autores.

(Gallo, 1987, 1988; Zanotti, 2003). Según Gallo la noción de hombre de esta Escuela es la de «un complejo haz de sentimientos y de pasiones encontradas, de virtudes y defectos, de sabiduría y torpeza» (Gallo, 1987, p. 3).

Esta noción de hombre incluye que: el hombre actúa por interés, la escasez de recursos para satisfacer todos los deseos y que el conocimiento humano es limitado. Conforme a esto, Gallo señala que, si bien pareciera no ser posible crear riqueza, eso fue posible, pero no a causa de un plan deliberado. Parte de las instituciones surgieron como resultado de acciones humanas, pero no del designio humano; sino lo hicieron espontáneamente a partir de la interacción humana.

Además de la consideración de la Escuela Escocesa como antecedente, entre las influencias que recibe Hayek es preciso mencionar a Kant, Popper y Wittgenstein (Gray, 1984). El marco filosófico general en el que se encuadra es kantiano, asumiendo la imposibilidad de conocer las esencias de las cosas. Dado que no es posible conocer la cosa en sí, el orden que encontramos en el mundo es producto de las categorías mentales con las que estructuramos el universo.[33]

En línea con esto, Hayek (1968b, pp. 37-39) señala que hay en el hombre disposiciones innatas de aprendizaje que se encuentran en la etología, el lenguaje y la idea de la precedencia de la teoría a la observación de Popper. En el hombre existe un enfoque universal y abstracto anterior a la observación desde donde interpretamos la realidad.

> Lo que sostengo, en resumen, es que la mente debe ser capaz de realizar operaciones abstractas para percibir lo particular, y que esta capacidad aparece mucho antes de que podamos hablar de una conciencia de lo particular. (Hayek, 1968b, p. 37)

---

[33] Más allá de la interpretación habitual de este autor como kantiano, nosotros en Borella, A. (2017b y 2018) hemos señalado una interpretación desde la fenomenología realista de Hayek, siguiendo a Zanotti, G. J. (2003, 2005, 2007 y 2011).

Distingue el orden físico y el orden fenomenal o sensorial en los que clasificamos los objetos del mundo. El orden físico alude a experiencias sensoriales en las que los eventos se clasifican según sus propiedades sensoriales. El orden fenomenal o sensorial considera a los eventos diferentes o similares si con otros eventos producen o no eventos similares o diferentes (Hayek, 1952, p. 3; Caldwell, 2004, p. 261).

Conforme a la teoría del conocimiento de Hayek, este es un proceso falible de clasificación a través de esquemas *a priori*, que son fruto de la evolución (Zanotti, 2011, p. 49).

Con Popper comparte el trasfondo kantiano, y la idea de que el mundo es dado por la actividad creadora de la mente (Hayek, 1968b, p. 38). Asimismo, a partir de 1955, toma de Popper la unidad del método, el método hipotético deductivo para todas las ciencias (Hayek, 1955).[34]

De Wittgenstein, resaltaremos el tema del lenguaje, que da forma a nuestro pensamiento e imagen del mundo (Gray, 1984; Zanotti, 2011, p. 31).

A partir de los supuestos del orden espontáneo, vía Musgrave y Mäki, mostraremos el vínculo con la discusión sobre el realismo de los modelos económicos.

a. *Los supuestos en Musgrave (1981) y la versión MISS de los modelos*

Como hemos mencionado, a mitad de siglo XX con la publicación del texto de Friedman de 1953, se reanima el debate iniciado en el siglo XIX acerca de la naturaleza de la economía como ciencia, en esta oportunidad bajo la forma del realismo de los supuestos de la teoría económica.

Esta publicación comúnmente suele leerse como un ejemplo clásico de instrumentalismo en ciencias sociales (Boland, 1982, p. 171; Caldwell, 1982, p. 178). Esta interpretación se

---

[34] Sobre estos temas, véase Borella, A. (2017b).

basa en la idea sostenida allí por Friedman de que las teorías no deben juzgarse por el realismo de sus supuestos, sino por su capacidad predictiva y la aseveración de que «cuanto más significativa sea una teoría, menos realistas serán sus supuestos» (Friedman, 1953, p. 19).

Si bien a este texto le siguieron incontables artículos, críticas y comentarios traducidos en una enorme cantidad de literatura secundaria, consideraremos aquí la publicación de Alan Musgrave de 1981: «*'Unreal assumptions' in economic theory: the F-twist untwisted*»[35], dado que este autor realiza en él una contribución fundamental a la propuesta posteriormente desarrollada por Mäki del Realismo Posible de los modelos económicos, asumiendo su noción *MISS* de los modelos (*Models as Isolations and credible Surrogate Systems*).[36] Sin el aporte de Musgrave (81) no hubiera sido posible el desarrollo ni el sostenimiento del Realismo Posible de los modelos de U. Mäki.

Veamos en qué consiste lo central de su contribución en relación a esto. Musgrave señala que F53 no distinguió tipos de supuestos. Si bien con Friedman habíamos aprendido que las teorías no pueden juzgarse por el realismo de sus supuestos, puesto que ellos no son nunca realistas, Musgrave agrega que los supuestos cumplen distintos roles y deben ser juzgados por su función. Esto lleva a distinguir al autor entre supuestos de irrelevancia, de dominio y heurísticos, mostrando con esto que no es verdad que «cuanto más significativa sea la teoría, menos realistas serán sus supuestos» y que F53 no conduce con necesidad a un Instrumentalismo.

Mäki desarrolla su versión MISS de los modelos. Los modelos son construcciones mentales que idealizan, omiten, aíslan, simplifican, exageran…[37] Estas notas, intrínsecas a la

---

[35] En *Kyklos*, vol. 34, Fasc. 3, pp. 377-387.

[36] No es objeto de este capítulo analizar la literatura secundaria del texto de Friedman (1953).

[37] Sobre la noción de modelo en este autor, véase, Mäki, U. (2001 y 2005) entre otros.

naturaleza de los modelos, parecen conducir a un inevitable Instrumentalismo. Mäki rompe con este vínculo necesario entre modelos e Instrumentalismo elaborando en el marco de la consideración MISS de los modelos, el Realismo Posible.[38]

Por supuesto esta versión implica el abandono de la concepción sintáctica de los modelos en la que la verdad de los mismos depende de la verdad de sus enunciados componentes.[39]

El Realismo Posible de los modelos, entendidos en su versión MISS, los supuestos deben juzgarse por su función (M81). La función de los supuestos, a sabiendas falsos, es contribuir al aislamiento. Son falsedades estratégicas indispensables. Aquello que se aísla es el único mecanismo relevante presente en el modelo que esté presente en el mundo o sea suficientemente similar a aquel operante en el mundo (Mäki, 2006, 2008b, 2011).

A partir de estos elementos tomados de F53, M81, y Mäki, es posible hacer una lectura de Hayek en el marco de la discusión acerca del realismo de los modelos económicos.

b. *Hayek y su compromiso ontológico: entre Mäki y Lawson*

No examinaremos aquí las relaciones entre economía y ontología. Pero intentaremos mostrar el compromiso ontológico de Hayek.

Si bien no se trata de señalar «cuánta» ontología hay detrás de la propuesta para la economía de este autor, el cami-

---

[38] Nótese que la propuesta de Mäki hasta el momento es de un Realismo Posible («los modelos *pueden ser* verdaderos»), no de un Realismo Actual («los modelos *son* verdaderos o falsos»).

[39] Acerca de la transición de la concepción sintáctica de modelo a la semántica nos hemos referido a la lógica de la situación de Popper, en Borella, A. (2017a), parte II.

De Popper mismo, véase especialmente (1963).

no hasta aquí recorrido parece dejar entrever alguna ontología, y que su ontología tiene implicancias metodológicas.[40]

No es Hayek un autor en el que su ontología esté insuficientemente presente –al modo por ejemplo de Mäki[41]– pero
tampoco se asemeja al desarrollo de Lawson con su Ontología Social en el marco del Realismo Crítico como «la» ontología para una posible reorientación de la economía como
ciencia. Esto ha despertado la crítica a Lawson de ausencia
de pluralismo (Fullbrook, 2009).

Aunque los fundamentos ontológicos en Hayek parecen
tener un lugar central en su desarrollo teórico, la presentación de los mismos de manera asistemática pareciera impe-
dir que su ontología sea leída como ideología, algo sobre lo
que también Lawson ha recibido críticas (Guerrien, 2009).[42]
Se agrega aquí el estilo narrativo de Hayek en el que su ontología parece estar dispersa a lo largo de su obra y no pre-
sentada metódica u ordenadamente.

Dos ideas fundantes pueden resumir el compromiso ontológico de Hayek:

1. El orden espontáneo
2. El conocimiento disperso

Como hemos mencionado, la primera se encuadra en la
tradición escocesa del orden social espontáneo. Mientras
que la segunda, de trasfondo kantiano, implica cierta disposición innata para proceder abstractivamente y se despliega
en la capacidad de aprendizaje, el lenguaje y la capacidad de
subsumir lo particular en lo universal (Hayek, 1968b, 1955).

---

[40] Hay, sin dudas, implicancias por fuera de la metodología, en el marco
de la filosofía social y la filosofía política. Pero no son objeto de análisis en
esta ocasión.

[41] Sobre este tema, véase (Borella, 2017c).

[42] Considerando sus textos de 2015 y 2019, además de las respuestas de
Lawson en Fullbrook (2009), esta crítica es a nuestro entender injusta.

En estos dos supuestos ontológicos se funda la teoría del mercado como proceso. Se trata de un caso de orden espontáneo que resuelve el problema de la fragmentación y dispersión del conocimiento (Hayek, 1937, p. 54) incluyendo la competencia como procedimiento de descubrimiento, que permite la corrección de los errores, dada la tendencia al aprendizaje (Hayek, 1968a; Kirzner, 1992, pp. 38-54).

Volvamos, entonces, a los supuestos de la teoría del mercado como proceso: precios, libre entrada al mercado y tendencia al aprendizaje.

El mercado tiende a una mayor coordinación si se dan esos supuestos. Conforme a esto, surgiría la posibilidad de preguntar o discutir acerca del realismo de tales supuestos y de inferir a partir de un posible irrealismo de tales supuestos, la falsedad del modelo. Esta estructura «*if...*, *then...*» y la expresión de la teoría del mercado como proceso en estos términos podría colocar a Hayek dentro de la discusión sobre el realismo de los modelos. La discusión no es acerca de si es verdad que «si p, entonces q». El punto en discusión es la verdad de «p», el realismo de los supuestos.

Sin embargo, recordemos lo aprendido con F53, M81 y Mäki (2009 entre otros).

Con F53 aprendimos que las teorías no deben juzgarse por el realismo de sus supuestos. Con M81, que los supuestos de una teoría deben juzgarse por su función.

Conforme a la naturaleza de los modelos, los supuestos de esas construcciones son, a sabiendas, falsos. Pero Mäki nos enseñó que ellos son falsedades estratégicas indispensables cuya función (M81) es ayudar a aislar el único mecanismo relevante con el propósito de, finalmente, acceder a algo sobre el mundo (Mäki, 2009b). Los modelos son simplificaciones que se construyen para capturar algo con verdad sobre el mundo real complejo. Estos modelos, con supuestos falsos, pueden ser verdaderos, aun si presentan características que parecen alejarlos del mundo real. En este sentido, Mäki desarrolla los argumentos «aun-si» para fundar el Realismo Posible de los modelos económicos (Mäki, 2008b, p. 139). Entonces, si estos supuestos aíslan el único mecanismo relevante en el modelo, y este está presente en el mundo, o es suficientemente similar a aquel operante en el mundo, *el mecanismo es verdadero*. Si el mecanismo es verdadero, entonces, hay verdad *en* el modelo. Si hay verdad en el modelo, *el modelo es verdadero*.

Lo relevante aquí no es si los supuestos son o no realistas y por ende, verdaderos. F53 nos recordó que ellos no lo son *nunca* y Musgrave que lo importante es si cumplen con su función. Entonces, si leemos la teoría del mercado como proceso a través de F53, M81 y Mäki, vemos que su verdad ya no depende del realismo o no de sus supuestos. Mäki nos enseñó que modelos con supuestos falsos pueden ser verdaderos. En el caso de Hayek, lo importante aquí es si el orden espontáneo permite capturar con verdad algo sobre el mundo social, si eso que captura la construcción mental está presente en el mundo, y fundamentalmente cuáles son las bases ontológicas en las que se apoya tal modelo.

El compromiso ontológico de Hayek con las ideas del orden espontáneo y el conocimiento fragmentado y disperso que es del todo significativo, tiene consecuencias metodológicas y también fuera de ellas en la filosofía política, que como hemos indicado no han sido objeto de análisis en esta oportunidad.

Más allá del compromiso en este autor, recordemos que no lo expresa sistemáticamente sino más bien de modo disperso a lo largo de su obra, evitando así ser leído necesariamente como una única opción para entender al mundo social, al modo de una ideología, y evitando también la cerrazón a la crítica. Esta manera de expresar su compromiso ontológico parece ubicar a Hayek en un lugar intermedio en cuanto a la «carga» ontológica de su propuesta entre Mäki y Lawson. Así como en Mäki un mayor desarrollo de su ontología fortalecería su Realismo Posible de los modelos económicos en particular en vistas a un Realismo Actual, en

Lawson el tratamiento de la Ontología Social como «la» ontología de todas las economías heterodoxas ha conducido a ciertas críticas de dogmatismo.[43] Hayek quedaría, entonces, en un lugar intermedio.[44] Este lugar implica un compromiso ontológico suficiente, pero en el marco de la actitud del Racionalismo Crítico de Karl Popper.[45]

Conclusión

La concepción semántica de los modelos en la que el valor de verdad del modelo no depende del valor de verdad de sus enunciados, y que el modelo no es más un conjunto de enunciados sino que incorpora elementos pragmáticos, es aquella en la que se encuadra la versión MISS de los modelos. Esta consideración de los modelos, asumiendo M81, permite leer al orden espontáneo de Hayek como un modelo cuyo valor de verdad no depende del valor de verdad de sus supuestos (precios, libre entrada al mercado, y tendencia al aprendizaje), sino que ha de tenerse en cuenta si este modelo captura con verdad algo del mundo social y cuál es el fundamento ontológico sobre el que está construido.

En torno al orden espontáneo de Hayek, señalamos el antecedente de la Escuela Escocesa de Hume, Smith y Ferguson y la influencia de Kant, Popper y Wittgenstein. Desarrollamos dos ideas fundantes del compromiso ontológico en Hayek: el orden espontáneo y el conocimiento fragmentado y disperso. Además del vínculo ontología y economía que implica el marco ontológico de Hayek, nos referimos a su concepción de hombre y el problema del conocimiento.

---

[43] A nuestro entender injustas, en particular por sus obras de 2015 y 2019.

[44] Sobre la posibilidad de un lugar intermedio en esta discusión, véase Borella (2017c).

[45] Véase, Popper, (1992), en Artigas, M. (1998).

El orden espontáneo como modelo expresado en términos de «*Si* a) precios, b) libre entrada al mercado y c) tendencia al aprendizaje, *entonces* el mercado tiende a una mayor coordinación», asumiendo F53, M81 y Mäki, no debe ser juzgado por el realismo de sus supuestos sino por si permite capturar con verdad algo sobre el mundo social, abriendo a la relevancia del fundamento ontológico del modelo para su evaluación.

Si bien el desarrollo de la economía como ciencia está vinculado a los compromisos ontológicos, estos lazos entre ontología y economía presentes de diverso modo en la discusión sobre el realismo de los modelos económicos, deben desplegarse evitando cualquier tentación de imposición y cerrazón a la crítica, conservando el espíritu y la actitud propia del Racionalismo Crítico.

Referencias

Artigas, M. (1998). *Lógica y Ética en Karl Popper*. Pamplona: EUNSA.

Boland, L. (1982). *The Foundations of Economic Method*. Londres: George Allen y Unwin.

Borella, A. (2010). Sobre el Realismo Posible de los Modelos Económicos en Uskali Mäki. *Selección de Trabajos del XV Congreso Nacional de Filosofía*. AFRA, CABA: EDUNTREF.

— (2011). Sobre la Posibilidad el Realismo Posible de los Modelos Económicos. *Selección de Trabajos de las XVI Jornadas de Epistemología de las Ciencias Económicas*. CABA: UBA-FCE.

— (2012a). A Critical Look on Critical Realism. *Perspectives on Epistemology of Economics*. CABA: Ed. Yael.

— (2013). Pinceladas de Realismo Finlandés. *Filosofía de la Economía,* vol. 1, n.°1, pp. 131-137.

— (2012b). Aislamiento y modelos económicos en el Realismo Crítico. *Economía* XXXVII, 34, pp. 139-152.

— (2017a). *Modelos económicos y realidad.* CABA: Grupo Unión/Unión Editorial Argentina.

— (2017b). Hayek in Lawson´s View: Positivism, Hermeneutics and Ontological Individualism. *Revista de Instituciones, Ideas y Mercados*, n.°66, pp. 1-29.

— (2017c). Modelar, o No Modelar: Esa No Es La Cuestión Principal. ¿Hay algo intermedio? *Revista Perspectivas de las Ciencias Económicas y Jurídicas*, vol. 7, n.°2, pp. 89-100.

— (2018). La Fenomenología Realista de Hayek: un Camino Abierto. *Libertas Segunda Época,* vol. 3, n.°1, pp. 59-69.

— (2019). Fundamento ontológico del modelo en Hayek. Procesos de Mercado. Revista Europea de Economía Política, vol. XVI, n.° 2, pp. 103-123.

— (2020). *Trazos- Ensayos de filosofía para el mundo social.* CABA: Grupo Unión.

— (2022). Interludio epistemológico. En ZANOTTI, G. J. *Introducción histórica a la Escuela Austriaca de Economía.* Madrid: Unión Editorial

CALDWELL, B. (1982 [1994]). *Beyond Positivism.* Londres y Nueva York: Routledge.

— (2004). *Hayek's Challenge.* USA: The University of Chicago Press.

DE DONATO RODRÍGUEZ, X. y ZAMORA BONILLA, J. (2009). Credibility, idealisation and model building: an inferential approach. *Erkenntnis*, 70, 1, pp. 101-118.

FRIEDMAN, M. (1953 [1967]). La Metodología de la Economía Positiva. En *Ensayos sobre Economía Positiva* (pp. 9-44). Trad. Raimundo Ortega Fernández. Madrid: Gredos.

FRIGG, R. (2006a). Models in science. En Edgard N. Zalta y S. Hartmann. (eds.) *Stanford Encyclopaedia of Philosophy.* <http://plato.stanford.edu/archives/spr2006/entries/models-science/>.

— (2006b). Scientific representation and the semantic views of theories. *Theoria*, 55, pp. 49-65.

FRIGG, R. Y NGUYEN, J. (2016). The Fiction View of Models Reloaded. *The Monist*, 99, pp. 225-242.

— (2020). *Modelling Nature: an Opinionated Introduction to Scientific Representation*. Suiza: Springer.

FULLBROOK, E. (2009). (ed.), *Ontology and Economics. Tony Lawson and his Critics*. Londres y Nueva York: Routledge.

GALLO, E. (1987). La tradición del orden social espontáneo: Adam Ferguson, David Hume y Adam Smith. *Libertas*, N°6, pp. 1-14.

— (1988). La ilustración escocesa. Estudios Públicos, pp. 273-289.

GIBBARD, A. y VARIAN, H. R. (1978). Economic models. *The* Journal of Philosophy, vol. 75, n.°11, pp. 664-677.

Giere, R. (2004). How models are used to represent reality. Philosophy of Science, 71 (5), pp. 742-752.

— (2009). Why scientific models should not be regarded as works of fiction. En M. Suárez (ed.), *Fictions in Science: Philosophical Essays on Modeling and idealization* (pp. 248-258). Routledge.

— (2010). An agent- based conception of models and scientific representation. *Synthese,* 172, pp. 269-281.

GRAY, J. N. (1984). F.A. Hayek y el Renacimiento del Liberalismo Clásico. *Libertas,* 1, pp. 1-56.

GUERRIEN, B. (2009). Irrelevance and ideology. En Fullbrook, E. (ed.), *Ontology and Economics. Tony Lawson and his critics* (pp. 158-161). Londres y Nueva York: Routledge.

FULLBROOK, E. (ed.) (2009). *Ontology and Economics. Tony Lawson and his critics*. Londres y Nueva York: Routledge.

HAYEK, F.A. (1937 [1948]). Economics and Knowledge. En *Individualism and Economic Order* (pp. 33-56). Chicago: The University of Chicago Press.

— (1942-44 [1979]). Scientism and the Study of Society. En *The Counter Revolution of Science: Studies on the*

Abuse of Reason (pp. 17-182). 2nd Ed. Indianapolis: Liberty.

— (1945 [1948]). The Use Knowl edge in Societ y. En *Individualism and Economic Order* (pp. 77-91). Chicago: The University of Chicago Press.

— (1946 [1948]). The Meaning of Compet it ion. En *Individualism and Economic Order* (pp. 92-106). Chicago: The University of Chicago Press.

— (1952 [1976]). *The Sensory Order: An Inquiry into the Foundations of Theoretical Psychology.* Chicago: The University of Chicago Press.

— (1955 [1967]). Deg rees of Expl anat ion. En *Studies in Philosophy, Politics and Economics* (pp. 22-44). Chicago: The University of Chicago Press.

— (1968a [1981]). La compet encia como procedimiento de descubrimiento. En *Nuevos Estudios* (pp. 155-164). Argentina: EUDEBA.

— (1968b [1978]). The Primacy of t he Abst ract. En *New Studies in Philosophy, Politics, Economics and the History of Ideas* (pp. 35-49). Chicago: The University of Chicago Press.

— (1973 [1982]). Rul es and Order. vol. 1 de *Law, Legislation and Liberty. A new statement of the liberal principles of justice and political economy.* Gran Bretaña: Routledge.

— (1994). *Hayek on Hayek: An Autobiographical Dialogue.* Kresge, S. y Wenar, L. (eds.). Chicago: The University of Chicago Press.

HAUSMAN, D. (1992). *The Inexact and Separate Science of Economics.* Cambridge: Cambridge University Press.

HOOVER, K. D. (2018). Models, Truth, and Analytic Inference in Economics. Center for the History of Political Economy at Duke University, Working Paper Series, No. 2019-01. Disponible en: <https://ssrn.com/abstract=3309226 o <http://dx.doi.org/10.2139/ssrn.3309226>.

KIRZNER, I. (1992 [2001]). *The Meaning of Market Process.* Londres y Nueva York: Routledge.

KNUUTTILA, T. (2005). Models, representation, and mediation. *Philosophy of Science*, 72, pp. 1260–1271

LAWSON, T. (1997). *Economics and Reality*. Londres y Nueva York: Routledge.

— (2003). *Reorienting Economics*. Londres y Nueva York: Routledge.

— (2015). *Essays on the Nature and State of Modern Economics*. Londres y Nueva York: Routledge.

— (2019). The Nature of Social Reality. Londres y Nueva York: Routledge.

MACHLUP, F. (1954 [2004]). El Problema de la Verificación en Economía. Trad. Nicolás Maloberti. *Libertas*, 40, pp. 1-22. Online.

MÄKI, U. (2001). Models: Philosophical Aspects. En Smelser, N.J. y Baltes, P.B. (eds.), *International Encyclopaedia of the Social and Behavioral Sciences*. (pp. 12815-12821). Elsevier Science Ltd.

— (2005). Models are Experiments. Experiments are Models. *Journal of Economic Methodology*, 12:2, pp. 303-315.

— (2006). Remarks on Models and their Truth. *Storia del Pensiero Economico*, 3, pp. 7-19.

— (2008a). Scientific Realism and Ontology. En Durlaf, S. y Blume, L.E. (eds.), *The New Palgrave Dictionary of Economics*. 2nd. Edition. U.K.: Palgrave MacMillan.

— (2008b). Realism from the ´lands of Kaleva´: an interview with Uskali Mäki. *Erasmus Journal for Philosophy and Economics*, vol. 1, Issue 1, pp. 124-146.

— (2009a). Realistic Realism about unrealistic Models. En Kincaid, H. y Ross, D. (eds.), *The Oxford Handbook of the Philosophy of Economics*. Nueva York: Oxford University Press.

— (2009b). MISSing the World. Models as Isolations and Credible Surrogate Systems. *Erkenntnis,* 70(1), pp. 29-43.

— (2011). Models and the Locus of their Truth. *Synthese*, 180, pp. 47-63.

— (2012). The Truth of False Idealizations in Modelling. En Humphreys, P. y Imbert, C. (eds.), *Representations, Models and Simulations*. Londres y Nueva York: Routledge.

MORGAN, M. S. (2001). Models, Stories and the Economic World. *Journal of Economic Methodology,* 8:3, pp. 361-384.

— (2012). *The World in the Model*. U.K.: Cambridge University Press.

MUSGRAVE, A. (1981). ´Unreal assumptions´: the F-twist untwisted. *Kyklos,* pp. 377-387.

POPPER, K. R. (1963 [1994]). Models, instruments and truth. *The Myth of the Framework*. Londres y Nueva York: Routledge.

SARJANOVIC, I. (1989). El Mercado como Proceso: Dos Visiones Alternativas. *Libertas,* VI: 11, pp. 1-30.

SUGDEN, R. (2000). Credible worlds: the status of theoretical models in economics. *Journal of Economic Methodology,* 7, pp. 1-31.

— (2008). Credible worlds, capacities and mechanisms. *Erkenntnis*, vol. 30, n.°1, pp. 3-27.

ZANOTTI, G. J. (2003). *Introducción Filosófica a Hayek*. Guatemala/Madrid: Universidad Francisco Marroquín/ Unión Editorial.

— (2005). *Hacia una Hermenéutica Realista*. Buenos Aires: Universidad Austral.

— (2007). Intersubjectivity, subjectivism, social sciences and the Austrian School of Economics. *Journal of Markets and Morality*, vol. 10, n.° 1, pp. 115-141.

— (2011). *Conocimiento vs. Información*. Madrid: Unión Editorial.

ZANOTTI, G. J. y BORELLA, A. (2015). Modelos y Escuela Austriaca. Una fusión de Friedman y la Escuela Austriaca pasando por Mäki. *Filosofía de la Economía*, 1(4), pp. 69-85. Reimpreso en J. H. Cole (ed.), (2009). *A Companion to Milton Friedman* (pp. 73-90), Guatemala: Universidad Francisco Marroquín.

Capítulo 5
Pattern predictions *como modelos*

Introducción

En el marco de la consideración del orden espontáneo como modelo de la Escuela Austriaca, analizaremos aquí la comparación de las *pattern predictions* de Hayek con los modelos.[46] Esta posibilidad se plasma concretamente en la traducción al castellano de *The Theory of Complex Phenomena* de 1964 realizada en Estudios Públicos.[47]

Mostraremos aquellas notas que comparten las *pattern predictions* y los modelos. Este recorrido conduce a señalar una vez más cómo la Escuela Austriaca y en particular Hayek puede estar próximo o haber participado en la discusión sobre el realismo de los modelos económicos, tal vez sin haberlo advertido.

Si tenemos presentes los aportes de Friedman (1953), Musgrave (1981) y la versión MISS de los modelos (*Models as Isolations and credible Surrogate Systems*), el orden espontáneo puede expresarse como el modelo de la Escuela Austriaca, como hemos mostrado en capítulos anteriores. Asumiendo al conocimiento disperso como el núcleo central del modelo, si se dan a) precios, b) libre entrada al mercado y c) tendencia al aprendizaje, entonces el mercado tiende a una mayor coordinación.

---

[46] En una ocasión anterior hemos examinado este punto en «Modelos y *pattern predictions*». *Procesos de Mercado: Revista Europea de Economía Política*, vol. XVIII, n°2, otoño 2021a, pp. 363-380. También hemos tratado esto en Borella, A. (2021b)

[47] Su traductor es anónimo.

También hemos argumentado anteriormente que una vez recordado que los modelos no deben ser juzgados por el realismo de sus supuestos, que sus supuestos deben ser juzgados por su función y la versión MISS de los modelos por la que estos son aislamientos y sistemas subrogados creíbles, ellos deben juzgarse por su capacidad de aislar el único mecanismo relevante y que este opere en el mundo o sea suficientemente similar a aquel operante en el mundo. La evaluación del realismo de los modelos ha de tener que ver entonces con: a) si captura con verdad algún sector de lo real, y b) cuáles son los fundamentos ontológicos sobre los que se apoyan tales construcciones. En este marco teórico se encuadra la posibilidad de comparar las *pattern predictions* de Hayek con los modelos.

1. El orden espontáneo y las *pattern predictions*

En 1964 Hayek distingue las ciencias en ciencias de los fenómenos simples y ciencias de los fenómenos complejos (Hayek, 1964, p. 25). La teoría de proceso de mercado es un caso de orden espontáneo en ciencias sociales. El resultado de un orden espontáneo es una *pattern prediction,* una predicción general que excluye determinados cursos de acción (Zanotti, 2004).

En capítulos anteriores nos hemos referido a los antecedentes filosóficos del orden espontáneo que se pueden hallar en la Escuela Escocesa de Hume, Smith y Ferguson (Gallo, 1987, 1988; Zanotti, 2003).

El orden espontáneo, o en griego *cosmos*, es un orden autógeno o endógeno y se distingue del orden artificial u organizado, en griego *taxis*, que es un orden creado o exógeno (Hayek, 1973, pp. 67-70). Con el orden espontáneo se corresponden las estructuras ordenadas propias de las ciencias sociales. Mientras que el orden creado está al servicio de algún propósito del creador, el orden espontáneo no está limitado por una mente humana y dado que no es un producto de creación deliberada, no persigue un fin determinado. «(...) Sin embargo, puede ser altamente conducente hacia el logro de diversos propósitos individuales no conocidos en su totalidad por ninguna persona en particular o por algún grupo relativamente pequeño de personas». (Hayek, 1968, p. 159)

El resultado de un orden espontáneo es una *pattern prediction*, predicción general y global que excluye determinados cursos de acción, contradictorios con esa predicción general (Hayek, 1964, p. 32). Ellas son predicciones emergentes, cualitativas, de órdenes espontáneos; «predicciones de modelos con información incompleta» (Zanotti, 2004, p. 39). Permiten predecir algunos atributos generales de la estructura compleja del mundo social, pero no son predicciones singulares.

> Often all that we shall be able to predict will be some abstract characteristic of the pattern that will appear _relations between kinds of elements about which individually we know very little. Yet, as I am anxious to repeat, we will still achieve predictions which can be falsified and which therefore are of empirical significance. (Hayek, 1974, p. 7)[48].

Son predicciones de algunas características abstractas que aparecerán empíricamente significativas y falsables.

2. *Pattern predictions* y modelos

A continuación mostraremos aquellos elementos que pueden permitir leer las *pattern predictions* de Hayek como modelos. Nos referiremos a:
- la captación de regularidades y su expresión

---

[48] Optamos por dejar a propósito el original en inglés. En las versiones en español de este texto varía la traducción de la palabra *pattern*. Véase, por ejemplo: <https://www.jesushuertadesoto.com/wp-content/uploads/2014/10/016-DOCUMENTO-2-primavera-2014.pdf>, p. 13, y <http://www.hacer.org/pdf/Conocimiento.pdf>, p. 9.

- el alcance de las *pattern predictions*
- la identificación de rasgos similares
- la consideración como herramientas y la falsabilidad
- la predicción en ciencias sociales y en ciencias de los fenómenos complejos
- el «*if…, then…*», los supuestos y el aislamiento
- modelos, *pattern predictions* y *ceteris paribus*
- leyes y fenómenos

– La captación de regularidades y su expresión

Hayek (1964, p. 23) señala que captar un patrón recurrente es reconocer alguna regularidad de ciertos rasgos similares. En esta descripción de las *pattern predictions* se advierte la semejanza con la noción de modelo de Lawson (1997, 2003, 2015, 2019) que permiten capturar regularidades constantes de eventos. Recordemos que la posición de Lawson es crítica respecto del uso de estas construcciones formales matemáticas porque supone que existe un compromiso ontológico necesario entre los modelos y el Realismo Empírico. Según el Realismo Empírico el mundo social es un conjunto de átomos aislados contrario a la Ontología Social del Realismo Crítico de Tony Lawson (Borella, 2012a, 2012b, 2016). Es posible señalar aquí, entonces, la similitud entre la noción de modelo que Lawson critica y las *pattern predictions* de Hayek.

– Las pattern predictions y su alcance

El siguiente aspecto que consideraremos es su alcance. Esto es, qué permite predecir. Una *pattern prediction* permite predecir un patrón que aparecerá dadas determinadas circunstancias. Es una predicción de cierta clase, falsable, pero no una predicción singular.

Algo similar puede señalarse de los modelos en Popper (1963). Allí el autor destaca la importancia de su uso en ciencias sociales, y agrega que deben construirse para predecir una clase o tipo de evento. Si bien para las ciencias naturales Popper desarrolla el método hipotético deductivo en el que a partir de leyes universales, condiciones iniciales (singulares), se infiere una conclusión (singular), en ciencias sociales dada la dificultad de hallar leyes universales, subraya el autor la importancia de utilizar modelos que permiten predecir cierta clase de evento, pero no un evento singular (Popper, 1963, p. 164).

– La identificación de rasgos similares

El reconocimiento de rasgos similares es otro criterio a tener en cuenta, dado que esta característica es propia de las *pattern predictions* según Hayek (1964, p. 23) y también puede advertirse por ejemplo, ya en Friedman (1953). En el caso de Friedman allí se refiere a las teorías como capaces de abstraer elementos comunes y cruciales de una masa de circunstancias complejas (Friedman, 1953, p. 19). Si bien en esta cita es posible reconocer esta característica compartida por las *pattern predictions* y los modelos, es importante agregar que esta nota no parece ser restrictiva de la noción de modelo de ningún autor en particular, sino que está presente generalmente en la literatura especializada en torno a la naturaleza de los modelos.[49]

---

[49] Aunque Friedman en esa oportunidad se refiere mayormente a las teorías, usa también la noción de modelo. Cuando se refiere a la captación de los rasgos similares, la noción que utiliza allí es la «abstracción de elementos comunes…», y si bien en autores que refieren a las características aquí señaladas, como Mäki y Lawson, y otros, hay un uso distinto de las nociones

Hayek (1964, p. 24) señala que comúnmente la *pattern prediction* es entendida como una herramienta, «*(…) merely as a tool (…)*», para predecir un patrón. La consideración de *la pattern prediction* como una herramienta remite a pensar en la discusión Realismo Científico-Instrumentalismo, en particular en el Instrumentalismo de van Fraassen (1980) en ciencias naturales y en el de Friedman (1953) y Morgan (2012) en ciencias sociales. Aunque la consideración de los modelos o las teorías como instrumentos parecen conducir sin dudas a un Instrumentalismo, en el caso de Hayek parece estar haciendo referencia a la expresión habitual, pero dejando abierto si es esa su posición.[50] «The description of the pattern which the theory provides *is commonly regarded merely as a tool* which will enable us to predict the particular manifestations of the pattern that will appear in specific circumstances» (Hayek, 1964, p. 24. La cursiva es nuestra). Y a continuación agrega: «But the description that *in certain general conditions* a pattern of certain kind will appear is also a significant (and *falsifiable*) prediction» (ídem, p. 24. La cursiva es nuestra). Vemos en esta última cita la estructura «*if…, then…*» propia de los modelos. El patrón de cierto tipo aparecerá, de producirse determinadas condiciones generales. Pero además, *si* se dan esas condiciones, *entonces* se producirá un patrón de cierto tipo, significativo y falsable. Recordemos que se trata de una predicción de una clase de evento, pero no de un evento singular (Hayek, 1974, p. 7; Popper, 1963, p. 164). Al encuadrar la *pattern prediction* en la estructura propia de los modelos, Hayek se acerca a la discusión sobre el Realismo

---

de abstracción y aislamiento, esta distinción es históricamente posterior al texto de Friedman.

[50] Aquí puede entreverse el neokantismo de Hayek, aunque nuestra lectura realista resolvería esto (Borella, 2017b, 2018; Zanotti, 2007)

de los modelos económicos y a enfrentar la pregunta sobre el realismo de tales condiciones.

– La predicción en ciencias sociales y ciencias de los fenómenos complejos

Conforme a la distinción de Hayek de ciencias de los fenómenos simples y ciencias de los fenómenos complejos, la predicción de patrón es aplicable en las ciencias que trabajan con fenómenos complejos (Hayek, 1964, p. 28). Es posible señalar aquí la analogía con la recomendación de Popper de utilizar modelos especialmente en ciencias sociales (Popper, 1963, pp. 165-166).

– «If…, then…», los supuestos y el aislamiento

Como hemos mencionado, las *pattern predictions* aparecerán si determinadas condiciones son satisfechas. Esto nos remitía al «*if…, then…*» propio de los modelos. Estos supuestos, que siguen a «*if*» y sobre los que se funda la predicción son generales y fácticos. Estos patrones generales permiten acceder al todo, objeto de las ciencias de los fenómenos complejos.

En el marco de la versión MISS de los modelos de U. Mäki (*Models as Isolations and credible Surrogate Systems*), ellos son aislamientos y sistemas subrogados del mundo real. Los modelos aíslan el único mecanismo relevante y se espera que esté en el mundo, o sea suficientemente similar al presente en el sistema objetivo. De aquí se infiere que el mecanismo es verdadero, que hay verdad en el modelo y que, por ende, el modelo es verdadero. De modo análogo, en Hayek se aíslan los patrones recurrentes que encontramos en el mundo real (Hayek, 1964, p. 27).

En la noción MISS de los modelos, el «*if*» va seguido de supuestos que idealizan, omiten, simplifican y son, por ende, falsos. Presentan características que los alejan de la realidad. Sin embargo, a través de los argumentos «aun-si» (*even-if arguments*) Mäki intenta mostrar cómo estos modelos con supuestos falsos, pueden ser verdaderos (Mäki, 2008). Mäki asumiendo a Musgrave (81) señala que la función de esos supuestos, que constituyen falsedades estratégicas, es ayudar al aislamiento del mecanismo. En Hayek, el aislamiento es de patrones recurrentes de estructuras coherentes de distinto tipo, que encontramos en el mundo real.

– Modelos, *pattern predictions* y *ceteris paribus*

Un aspecto más para considerar es la referencia a las cláusulas *ceteris paribus*. Hayek (1964, p. 28) señala que una teoría simple de fenómenos complejos es probablemente falsa, sin un supuesto *ceteris paribus*. Esto es comparable con la idea de que los modelos económicos son experimentos de pensamiento (Mäki, 2005). Son construcciones mentales análogas a los experimentos de laboratorio de la física. Estos se dan en condiciones ideales, al modo de las leyes de la física, que se dan en condiciones ideales, condiciones de laboratorio. Así como las leyes de la física, fuera del laboratorio, son falsas (Cartwright, 1983) –a menos que se asuman las condiciones ideales del laboratorio –, el modelo en economía es falso, salvo que se asuma la cláusula *ceteris paribus*.

– *Leyes y fenómenos complejos*

Hayek (1964, p. 42) agrega que no es posible aplicar el término ley al modo de las ciencias de los fenómenos simples, a las ciencias de los fenómenos complejos. Recordemos aquí a Popper y la dificultad de hallar leyes en ciencias sociales. Popper sustituye las leyes universales, que asume el método hipotético deductivo de las ciencias naturales, por el principio de racionalidad, que anima los modelos en ciencias sociales (Popper, 1956, 1963).

Conclusión

Conforme a las críticas al modelo de competencia perfecta (Kirzner, 1973, 1992, 2000) y a la tendencia a asociar los modelos a la Escuela de Chicago, la Escuela Austriaca parece no haber participado de la discusión sobre el realismo de los modelos económicos. Sin embargo, mostramos que es posible identificar elementos comunes entre las *pattern predictions* de Hayek y los modelos como construcciones mentales, al modo de Mäki, para intentar explicar y predecir en ciencias sociales. Esto pareciera estar implícito en la traducción al castellano del texto de Hayek de 1964 en Estudios Públicos. Las *pattern predictions* presentan características propias de los modelos, vinculadas al debate de la epistemología de la economía sobre el realismo de los modelos económicos. La Escuela Austriaca parece, entonces, estar cerca de esta discusión, tal vez, sin haberlo advertido.

Referencias

BOLAND, L. (1982). *The Foundations of Economic Method.* Boston: George Allen y Unwin.
BORELLA, A. (2012a). A Critical Look at Critical Realism. En *Perspectives on Epistemology of Economics* (pp. 183-207). CABA: Ed. Yael.
— (2012b). Aislamiento y Modelos Económicos en el Realismo Crítico. *Economía,* (XXXVII), 34 (julio-diciembre), pp. 139-152.
— (2016). El Realismo Pictórico de los Modelos Económicos. *Revista Perspectivas de las Ciencias Económicas y Jurídicas,* vol. 6, n.° 2, pp. 99-105.

— (2017a). *Modelos Económicos y Realidad*. CABA: Grupo Unión.

— (2017b). Hayek in Lawson's View: Positivism, Hermeneutics and Ontological Individualism. *Revista de Instituciones, Ideas y Mercados*, 66, pp. 1-29.

— (2018). La Fenomenología Realista de Hayek: un Camino Abierto. *Libertas: Segunda Época,* (3), 1, pp. 35-45.

— (2019). Fundamento Ontológico del Modelo en Hayek. *Procesos de Mercado. Revista Europea de Economía Política*, (XVI), 2, otoño, pp. 103-123.

— (2020). *Trazos. Ensayos de Filosofía para el Mundo Social*. CABA: Grupo Unión.

— (2021a). Modelos y Pattern Predictions en Hayek. *Procesos de Mercado: Revista Europea de Economía Política,* vol. XVIII, n.°2, pp. 363-380.

— (2021b). Models, realism and market process. Disponible en SSRN: <https://ssrn.com/abstract=3891107> or <http://dx.doi.org/10.2139/ssrn.3891107>.

CALDWELL, B. (1988). Hayek's Transformation. *History of Political Economy*, 20:4, pp. 513-541.

— (1992). Hayek the Falsificationist? A Refutation. *Research in the History of Economic Thought and Methodology*, (10), pp. 1-15.

CARTWRIGHT, N. (1983). *How the Laws of Physics Lie*. Nueva York: Oxford University Press.

FLEETWOOD, S. (1995). *Hayek's Political Economy*. Londres: Routledge.

FRIEDMAN, M. (1953 [1967]). La Metodología de la Economía Positiva. En *Ensayos sobre Economía Positiva* (pp. 9-44). Trad. Raimundo Ortega Fernández. Madrid: Gredos.

GALLO, E. (1987). La Tradición del Orden Social Espontáneo: Adam Ferguson, David Hume y Adam Smith. *Libertas,* n.° 6, pp. 1-14.

— (1988). La Ilustración Escocesa. *Estudios Públicos*, pp. 273-289.

HAYEK, F.A. (1937 [1948]). Economics and Knowl edge». En *Individualism and Economic Order* (pp. 33-56). Chicago: The University of Chicago Press.

— (1942-44 [1979]). Scientism and the Study of Society. En *The Counter Revolution of Science: Studies on the Abuse of Reason* (pp. 17-182). 2.ª edición. Indianapolis: Liberty.

— (1943 [1948]). The Facts of the social sciences. En *Individualism and Economic Order* (pp. 57-76). Chicago: The University of Chicago Press.

— (1945 [1948]). The Use of Knowledge in Society. En *Individualism and Economic Order* (pp. 77-91). Chicago: The University of Chicago Press.

— (1955 [1967]). Degrees of Explanation. En *Studies in Philosophy, Politics and Economics* (pp. 3-21). Chicago: The University of Chicago Press.

— (1964 [1967]). The Theory of Complex Phenomena. En *Studies in Philosophy, Politics and Economics* (pp. 22-42). Chicago: The University of Chicago Press. / La Teoría de los Fenómenos Complejos. *Estudios Públicos*, 2, pp. 100-127. Disponible en <https://www.cepchile.cl/cep/site/docs/20160303/20160303183438/rev02_hayek.pdf>.

— (1967 [1981]). La Confusión del Lenguaje en el Pensamiento Político. En *Nuevos Estudios en Filosofía, Política, Economía, e Historia de las Ideas* (pp. 63-85). Trad. María Isabel Alves. Argentina: EUDEBA.

— (1968a [1978]). The Primacy of the Abstract. En *New Studies in Philosophy, Politics, Economics and the History of Ideas* (pp. 35-49). Chicago: The University of Chicago Press.

— (1968b [1981]). La Competencia como Procedimiento de Descubrimiento. En *Nuevos Estudios* (pp. 155-164). Argentina: EUDEBA.

— (1973 [1982]). Rules and Order. vol. 1 de *Law, Legislation and Liberty. A New Statement of the Liberal*

Principles of Justice and Political Economy. Gran Bretaña: Routledge.

— (1974). The Pretence of Knowledge. *The American Economic Review*, (79), 6, pp. 3-7. <http://pavroz. ru/files/hayekpretence.pdf/>. /La pretensión del conocimiento. *Procesos de Mercado: Revista Europea de Economía Política,* vol. XI, n.º 1, primavera 2014, pp. 437-450. <https://www.jesushuertadesoto.com/wp-content/uploads/2014/10/016-DOCUMENTO-2-primavera-2014.pdf>. / La pretensión del conocimiento. En *Los Premios Nobel de Economía 1969-1977*. Lecturas 25 Prólogo de Gustavo Romero Kolbeck (pp. 245-258). México: Banco de México, S. A. Fondo de Cultura Económica. Conferencia en homenaje de Alfred Nobel, pronunciada el 11 de diciembre de 1974. <http://www.hacer.org/pdf/Conocimiento.pdf>.

— (1994). *Hayek on Hayek: An Autobiographical Dialogue*. Kresge, S. y Wenar, L. (eds.), Chicago: The University of Chicago Press.

HUTCHISON, T. (1981). *The Politics and Philosophy of Economics: Marxians, Keynesians and Austrians*. Oxford: Basil Backwell.

KIRZNER, I. (1973 [1988]). *Competencia y Empresarialidad*. Madrid: Unión Editorial.

— (1992 [2001]). *The Meaning of Market Process*. Londres y Nueva York: Routledge.

— (2000). *The Driving Force of the Market*. Londres y Nueva York: Routledge.

LAWSON, T. (1997). *Economics and Reality*. Londres y Nueva York: Routledge.

— (2003). *Reorienting Economics*. Gran Bretaña: Routledge.

— (2015). *Essays on the Nature and State of Modern Economics*. Londres y Nueva York: Routledge.

— (2019). *The Nature of Social Reality*. Londres y Nueva York: Routledge.

MÄKI. U. (2000). Kinds of Assumptions and their Truth: Shaking an Untwisted F-Twist. *Kyklos*, (53), 3, pp. 317-336.

— (2005). Models are Experiments, Experiments are Models. *Journal of Economic Methodology*, (12), 2, pp. 303-315.

— (2008). Realism from the `lands of kaleva': an interview of Uskali Mäki. *Erasmus Journal for Philosophy and Economics*, (1), 1, pp. 124-146.

— (2009a). Unrealistic Assumptions and Unnecessary Confusions: Rereading and Rewriting F53 as a Realist Statement. En Mäki, U. (ed.), *The Methodology of Positive Economics* (pp. 90-116). Reino Unido: Cambridge University Press.

— (2009b). MISSing the World. Models as Isolations and Credible Surrogate Systems. *Erkenntnis*, (70), 1, pp. 29-43.

— (2009c). Realistic Realism about Unrealistic Models. En Kincaid, H. y Ross, D. (eds.), *The Oxford Handbook of the Philosophy of Economics*. Nueva York: Oxford University Press.

— (2011). Models and the Locus of their Truth. *Synthese*, 180, pp. 47-63.

— (2018). Rights and Wrongs of Economic Modelling: Refining Rodrik. *Journal of Economic Methodology*, (25), 3, pp. 218-236.

MORGAN, M. (2012). *The World in the Model*. Reino Unido: Cambridge University Press.

MUSGRAVE, A. (1981). `Unrealistic Assumptions` in Economic Theory: the F-twist untwisted. *Kyklos*, pp. 377-387.

POPPER, K. (1956 [1973]). *La Miseria del Historicismo*. Madrid: Alianza editorial.

— (1963 [1994]) Models, Instruments and Truth. En M. Notturno (ed.), *The Myth of the Framework* (pp. 33-64). Londres y Nueva York: Routledge.

VAN FRAASSEN, B. (1980). *The Scientific Image*. Nueva York: Oxford University Press.

ZANOTTI, G. J. (2003). *Introducción Filosófica a Hayek.* Guatemala/ Madrid: Universidad Francisco Marroquín/ Unión Editorial.

— (2004). *El Método de la Economía Política.* Buenos Aires: Ediciones Cooperativas.

— (2007). Intersubjectivity, Subjectivism, Social Sciences and the Austrian School of Economics. *Journal of Markets and Morality,* (10), 1, pp. 115-141.

— (2011). *Conocimiento vs. Información.* Madrid: Unión Editorial.

— (2013). *Caminos Abiertos.* Madrid: Unión Editorial.

ZANOTTI, G. J. Y BORELLA, A. (2015). Modelos y Escuela Austriaca: una fusión de Friedman y la Escuela Austriaca pasando por Mäki. *Filosofía de la Economía,* (4), pp. 69-85. Reimpreso en Cole, J. H. (2019). *A Companion to Milton Friedman* (pp. 73-90). Guatemala: Universidad Francisco Marroquín.

Capítulo 6
Consideraciones finales

Introducción

En este capítulo retomaremos las ideas centrales sobre Hayek, presentadas en el recorrido realizado hasta aquí y explicaremos su relevancia. Nos referiremos a: a) el orden espontáneo como el modelo de la Escuela Austriaca, b) la fenomenología realista, c) el Individualismo ontológico moderado, d) el fundamento filosófico del modelo y e) las *pattern predictions* como modelos.

a. El orden espontáneo como el modelo de la Escuela Austriaca

A través de los aportes de F53, Musgrave (81) y Mäki y su versión MISS de los modelos, mostramos que el orden espontáneo puede ser entendido como «el» modelo de la Escuela Austriaca. Tomando de F53 que los modelos no deben juzgarse por el realismo de sus supuestos, de Musgrave (81) que los supuestos deben juzgarse por su función y considerando al modo de Mäki (2008, 2009) a los modelos como aislamientos y sistemas subrogados creíbles, el orden espontáneo puede leerse como el modelo de la Escuela Austriaca. En términos metodológicos, lo expresaríamos como la teoría de mercado como proceso. Asumiendo la expresión «*iffy*» señalaríamos que «*If* precios + libre entrada al mercado + tendencia al aprendizaje, *then* el mercado tiende a una mayor coordinación».

b. La fenomenología realista de Hayek

A partir del análisis de las contribuciones epistemológicas de este autor: el problema del conocimiento, el objeto de las ciencias sociales, el método y el orden espontáneo, presentamos una lectura fenomenológica realista. Desde la acción humana como clave para entender el objeto de las ciencias sociales, la reconstrucción de la intersubjetividad husserliana desde su noción del mundo de la vida, permite una interpretación realista fenomenológica de Hayek. Esa reconstrucción implicó considerar: a) la intersubjetividad como ontología del mundo social, b) la historicidad de los horizontes, c) la intersubjetividad como hermenéutica realista, d) la superación de la dicotomía sujeto-objeto, y e) la renovación de los sentidos de «teoría» y «esencia» en los fenómenos sociales (Zanotti, 2005 y 2007).

c. El Individualismo Moderado

A partir de la crítica de Lawson (1995, 1997) de Hayek de no haber trascendido el Positivismo, en particular hasta los años 60 aproximadamente, mostramos que desde una lectura Realista fenomenológica es posible sostener que Hayek fue siempre un individualista ontológico moderado, no sólo a partir de (1955). Señalamos que su Individualismo no conduce con necesidad a una ontología de sistemas cerrados o positivista, sino que es compatible con una interpretación realista de la fenomenología de Husserl. También el enfoque hermenéutico de Hayek no es Positivismo disfrazado, en parte por su propuesta del método hipotético deductivo y la idea de la carga teórica de la observación y que no hay «datos dados». En línea con Caldwell (1988, 1992) y Zanotti (2013) –más allá de «los tres Hayek» distinguidos por Fleetwood (1995), o la división de Hutchison (1981) conforme a la influencia de Mises y Wieser, y de Popper– sostuvimos que en Hayek no hay un cambio total en el pensamiento de Hayek a partir de 1955, sino que su pensamiento ha sido más bien un continuo en transformación. Otro elemento que aparta a Hayek del Positivismo es su rechazo a la racionalidad instrumental propia del Constructivismo Racionalista o Racionalismo Naïve (Hayek, 1964a).

La interpretación realista fenomenológica de Hayek permite entenderlo como un Individualista moderado, en respuesta a la lectura positivista comprometida con una ontología de sistemas cerrados.

d. El fundamento filosófico del modelo

Como hemos mencionado en capítulos anteriores el antecedente filosófico al orden espontáneo, se encuentra en la Escuela Escocesa de Hume, Smith y Ferguson, y su noción de hombre. También entre las influencias recibidas por Hayek, es preciso mencionar a Kant, Popper y Wittgenstein. Respecto del marco filosófico kantiano hemos visto que es posible una interpretación fenomenológica realista de Hayek, que no sólo es compatible con el pensamiento de este autor, sino que también fortalecería sus ideas epistemológicas. De Kant mencionamos los límites del conocimiento (aunque, en otro sentido, es también compatible con el realismo gnoseológico), la idea de que hay en el hombre categorías mentales con las que estructuramos el mundo. De Popper, toma la idea de que la teoría precede a la observación y en tal sentido, desde un enfoque abstracto y universal, interpretamos la realidad (Hayek, 1968). A partir de 1955 comparte con Popper (recibiéndola de él) la idea de que el método hipotético deductivo es el método de todas las ciencias. De Wittgenstein recibe la idea de que el lenguaje forma nuestro pensamiento y nuestra idea de mundo.

En cuanto al compromiso ontológico de Hayek, lo ubicamos en el espíritu del Racionalismo Crítico, entre el compromiso ontológico de Mäki y el de Lawson. Esta posición se funda en que aunque no es Hayek un autor en el que su ontología está insuficientemente explicitada al modo de Mäki, tampoco hay en él un desarrollo ontológico similar al de Lawson y su Ontología Social detrás del Realismo Crítico como «la ontología» para todas las economías heterodoxas. La ontología de Hayek tiene un lugar central en su desarrollo teórico, pero conforme a su estilo narrativo, ella no se presenta sistemáticamente, sino que está dispersa en su obra. Nos hemos referido a su compromiso ontológico con las ideas de orden espontáneo y conocimiento fragmentado y disperso, y su vínculo con la discusión sobre el realismo de los modelos en el marco de la epistemología de la economía. Hemos mencionado que de aquí se desprenden consecuencias en filosofía política, que no han sido objeto de este libro.

e. Las *pattern predictions* como modelos

En el capítulo 5 «*Pattern predictions* como modelos», mostramos cómo las *pattern predictions* pueden ser entendidas como modelos, presentando aquellas características que comparten ambas nociones.

La *pattern prediction* es el resultado del orden espontáneo, es una predicción global que excluye determinados cursos de acción, contradictorios con esa predicción. Señalamos que una *pattern prediction* captura un patrón recurrente y que esto implica reconocer la regularidad de algunos rasgos. Análogo a esto se plantea la noción de modelo que Lawson critica, por el compromiso necesario que él atribuye con el Realismo Empírico que asume que el mundo social es un conjunto de átomos aislados. La *pattern prediction* de Hayek (1964b) permite una predicción de cierta clase, pero no una predicción singular. Según Popper (1963), los modelos se construyen para predecir una cierta clase o tipo de evento, pero no uno singular. A través de las *pattern predictions* es posible reconocer rasgos similares, parecido a lo que ocurre con las teorías según Friedman (1953). Según Hayek, una *pattern prediction* puede ser entendida como una herramienta para predecir. Esto se compara a lo sostenido por el Instrumentalismo de los modelos (Morgan, 2012). De acuerdo a las *pattern predictions*, «si se dan determinadas condiciones generales, *entonces* aparecerá una predicción significativa y falsable». Esta estructura «*iffy*» remite a los modelos. «*Si* se dan tales supuestos, *entonces* tal cosa». En la distinción de las ciencias de Hayek (1964b), las *pattern predictions* refieren a las ciencias que trabajan con fenómenos complejos. Recordemos que en Popper (1963) la construcción de modelos es especialmente importante en ciencias sociales. Las *pattern predictions* permiten acceder al objeto de las ciencias de fenómenos complejos y aíslan el único mecanismo relevante que se espera esté presente en el sistema objetivo, esto es, el mundo. En Hayek una teoría simple de fenómenos complejos, es falsa sin una cláusula *ceteris paribus*. Se ve aquí la analogía con los modelos como experimentos de pensamiento (Mäki, 2005) comparables a los experimentos de laboratorio en los que las leyes de la física son verdaderas en condiciones ideales, condiciones de laboratorio (Cartwright, 1983). Hayek agrega la imposibilidad de aplicar el término ley a las ciencias de los fenómenos complejos. Esto es similar a lo sostenido por Popper (1956, 1963) respecto de la posibilidad de hallar leyes en ciencias sociales, al modo de las leyes en ciencias naturales que animan el método hipotético deductivo.

En los distintos caminos transitados en este recorrido epistemológico hemos podido mostrar cómo Hayek acerca a la Escuela Austriaca a las discusiones epistemológicas contemporáneas en epistemología de la economía.

Este acercamiento a través de la lectura del orden espontáneo como modelo de la Escuela Austriaca se funda en el espíritu dialógico del Racionalismo Crítico fundamental para el despliegue de la historia de las ideas, e implica dar un paso más hacia la apertura a la discusión racional con quienes defienden el uso de modelos formales matemáticos, pero que los une el intento de explicar, predecir y comprender algo sobre nuestro mundo social.

Referencias

CALDWELL, B. (1988). Hayek's transformation. *History of Political Economy*, 20:4, pp. 513-541.

— (1992). Hayek the falsificationist? A refutation. *Research in the History of Economic Thought and Methodology*, vol. 10, pp. 1-15.

CARTWRIGHT, N. (1983). *How the Laws of Physics Lie.* Nueva York: Oxford University Press.

FLEETWOOD, S. (1995). *Hayek´s Political Economy*. Londres: Routledge

FRIEDMAN, M. (1953 [1967]). La Metodología de la Economía Positiva. En *Ensayos sobre Economía Positiva* (pp. 9-44). Trad. Raimundo Ortega Fernández. Madrid: Gredos.

HAYEK, F.A. (1955 [1967]). Degrees of Explanation. En *Studies in Philosophy, Politics and Economics* (pp. 3-21). Chicago: The University of Chicago Press.

— (1964a [1967]). Kinds of Rationalism. En *Studies in Philosophy, Politics and Economics* (pp. 82-95). Chicago: The University of Chicago Press.

— (1964b [1967]). The Theory of Complex Phenomena. En *Studies in Philosophy, Politics and Economics* (pp. 22-44). Chicago: The University of Chicago Press

— (1968 [1978]). The Primacy of the Abstract. En *New Studies in Philosophy, Politics, Economics, and the History of Ideas* (pp. 35-49). Chicago: The University of Chicago Press.

HUTCHISON, T. (1981). *The Politics and Philosophy of Economics: Marxians, Keynesians and Austrians*. Oxford: Basil Backwell.

Lawson, T. (1995). Hayek and Keynes: a commonality. *History of Economics Review*, Issue 25, Winter/Summer 1996, pp. 96-114.

— (1997). Development in Hayek's Social Ontology. En S. Frowen (ed.), *Hayek: Economist and Philosopher* (pp. 125-147). Londres: Palgrave Macmillan.

Mäki, U. (2005). Models are Experiments, experiments are Models. *Journal of Economic Methodology*, (12), 2, pp. 303-315.

— (2008). Realism from the 'lands of Kaleva': an interview with Uskali Mäki. *Erasmus Journal for Philosophy and Economics*, 1, 1, pp. 124-146.

— (2009). MISSing the World. Models as Isolations and Credible Surrogate Systems. *Erkenntnis*, (70), 1, pp. 29-43.

Morgan, M. (2012). *The World in the Model.* Reino Unido: Cambridge University Press.

Musgrave, A. (1981). `Unrealistic Assumptions` in Economic Theory: the F-twist untwisted. *Kyklos*, pp. 377-387.

Popper, K. R. (1956 [1973]). *La Miseria del Historicismo.* Madrid: Alianza editorial.

— (1963 [1994]). Models, Instruments and Truth. En M. Notturno (ed.), *The Myth of the Framework* (pp. 33-64. Londres y Nueva York: Routledge

Zanotti, G. J. (2005) *Hacia una Hermenéutica Realista.* Buenos Aires: Universidad Austral.

— (2007). Intersubjectivity, subjectivism, social sciences and the Austrian School of Economics. *Journal of Markets and Morality*, vol. 10, n.° 1, pp. 115-141

— (2013). *Caminos Abiertos.* Madrid: Unión Editorial.

Para más información,
véase nuestra página web
www.unioneditorial.es